踏歌行

唐朝诗人的追梦人生

关鹏飞 著

北方联合出版传媒（集团）股份有限公司

万卷出版公司

2021年·沈阳

ⓒ 关鹏飞 2021

图书在版编目（CIP）数据

踏歌行：唐朝诗人的追梦人生 / 关鹏飞著. — 沈
阳：万卷出版公司，2021.9
ISBN 978-7-5470-5682-0

Ⅰ.①踏… Ⅱ.①关… Ⅲ.①诗人—生平事迹—中国
—古代 Ⅳ.①K825.6

中国版本图书馆CIP数据核字（2021）第146710号

出 品 人：王维良
出版发行：北方联合出版传媒（集团）股份有限公司
　　　　　万卷出版公司
　　　　　（地址：沈阳市和平区十一纬路25号　邮编：110003）
印 刷 者：辽宁新华印务有限公司
经 销 者：全国新华书店
幅面尺寸：145mm×210mm
字　　数：180千字
印　　张：8.5
出版时间：2021年9月第1版
印刷时间：2021年9月第1次印刷
责任编辑：张洋洋
责任校对：高　辉
装帧设计：马婧莎
ISBN 978-7-5470-5682-0
定　　价：45.00元
联系电话：024-23284090
传　　真：024-23284448

常年法律顾问：李　福　版权所有　侵权必究　举报电话：024-23284090
如有印装质量问题，请与印刷厂联系。联系电话：024-31255233

序

唐诗如此璀璨，大唐诗人们的命运却如此艰难。

当我们在课堂上用"怀才不遇"来评价这些诗人时，对我们而言，"怀才不遇"不过是个陈旧的套路，而对那些活在大唐的诗人们来说，却是真真切切的沉重枷锁。

他们比我们更恨这四个字。

可是，他们却写出了唐诗，而我们只能背诗。

如果想要知道为什么会这样，我们的目光就不能只盯着唐诗，也要看看创作唐诗的大唐诗人们，看看他们留在历史上的身影。

我还有个奢望，想叫住他们，在他们惊讶地转身时，跟他们四目相对。

为此，我利用"就地过年"的寒假时间，在群书中追寻大唐诗人们的脚步，聆听他们的悲欢离合，描绘他们的爱恨情仇，感受他们的星辰大海。

我就像误入桃花源的武陵人，一方面对他们很好奇，另一方面又很迷惑。

每当我凑近去看，就会看到他们的不同侧面，这让我既兴奋，又失落。

这时我才明白过来，为什么唐诗那么鲜活。因为拥有写出这些诗篇的最强大脑的诗人们，他们的表情如此丰富，他们的面孔如此灵动，他们的目光如此灿烂。

所有的观看都是相对的，当我们在书中呈现他们的音容笑貌时，他们也在注视着我们。

书中的二十五位大唐诗人，就是我们对视时，灵魂碰撞后的选择。

他们从初唐走到晚唐，从中央走向四方，从年少走入老境，虽然耕耘的方式五花八门，浇灌的源泉清浊不一，挥洒的汗珠有多有少，但每个人都在唐诗大地上种出了多彩的花朵，散发出各异的气息，收获到醉人的果实。

愿我们像他们一样，出走半生，归来仍是那个少年。

是为序。

目录

李百药：绝地求生，写诗通关

贞观年间，天下太平，唐太宗李世民治国安邦之余，爱上了学习写诗。

有一天他叫来虞世南，偷偷拉着他的耳朵说："我写了一首艳诗，你帮我看看。"

虞世南感到事态严重，但他毕竟是大臣，故作镇静地问："陛下怎么学起这个来了？"

李世民满脸绯红，像个腼腆的大男孩，不好意思地说："李百药写了几首艳诗，我读着很过瘾。你看这一首《妾薄命》，说自己的情郎不是醉了就是在喝酒，导致她'横陈每虚设，吉梦竟何成'，让我又是恨她的情人，又是为她的芳心虚耗而急得直跺脚！李百药真是的，亏他想得出来！"

虞世南心里有点底了："陛下宽宏大量，何必跟李百药比这个。"

李世民摇头说："我可不像杨广，别人比他写得好，就要遭罪。李百药在隋朝时，就因为写诗太好被老杨整惨了。不过，李百药的诗确实写得好，我得跟他学学。"

虞世南看着诗稿说："陛下是想让我先看看，改得好一点，再去请李百药？"

李世民用哈哈大笑掩饰自己的尴尬："什么也瞒不过你。"

虞世南赶紧把艳诗揉成一团藏进衣袖中，李世民心疼得大叫，过来夺时已经晚了，气得面如猪肝色，愣了半天才鼻子里哼了一声，转身去桌案上拿起毛笔，嘴里气呼呼地说："自己写诗的好处，就是印在自己脑里，别人怎么也夺不去，这可比万世江山牢固多了，我是圣君，不跟你计较，我再写一遍就是了……"

话音未落，虞世南把案上的纸也抽得一张不剩，语重心长地对李世民说："陛下，我是第一个见到这首艳诗的人，不能再有第二个了！他李百药写艳诗，大家都知道是游戏笔墨，陛下可不一样。上之所好，下必甚焉，您要是开了这个头，后果不堪设想！"

李世民想想也有道理，这可是不能碰的红线，收了怒气，把毛笔递给旁边的侍从，对虞世南说："你这么坦诚，我很高兴，如果群臣都能像你这样，大唐天下何愁不太平！"

贞观十二年（638）五月，退休不久的虞世南逝世，李世民并没有因为元老重臣的离开而放松警惕。几年后，他创作了五言组诗《帝京篇》十首，在序中还不忘虞世南的教诲，说自己写诗、游戏都是"节制于中和，不系之于淫放"。当时李百药已年老致仕，李世民特意把他请到朝堂，要他写《帝京篇》的和诗。

李世民的如意算盘打得很好：李百药年纪大了，写的和诗又不是他擅长的艳诗，这下应该比不过我了吧。

谁知李百药的和诗一写出来，比李世民的原作还要工巧精妙，李世民只能叹服，用一手秀丽的王羲之笔法写下诏书，诏书中对李百药的诗歌才华大加赞美。只不过赞美之外，也可以看出李世民还是有点不服气的，他在诏书中吃惊地问："爱卿为什么身体衰老却才思壮健，年纪老大却诗意清新呢？"

言外之意，他认为李百药简直是"逆生长"！跟"逆生长"的人比，比不过也正常。

李世民不愧为一代雄主，虽然他的包容心态是时代使然，毕竟在他前面的负面教材太多了，但他的识人之明却是货真价实的。

李百药的一生，真如他所言，是"逆生长"的一生。李百药经历过太多向死而生的时刻，反映出隋末唐初诗人们九死一生的真实生命历程。他的名字就是他多灾多难人生的最好阐释，据说他一生下来体弱多病，奶奶就给他取名"百药"。

一个人要病到什么程度，需要百药来治？可见李百药能活下来，就已经是个奇迹了。

生于高门大族，父亲又在隋朝做大官，家教肯定缺不了，学习任务也肯定轻不了，李百药自己的身子又弱，很难想象他是怎么克服的。

没想到他还学得很好。有一次父亲跟好友一起阅读大文学家徐陵的文章，徐陵这个人喜欢用典故，读典故多的文章最能显摆自己才学渊博，因此深受时人喜爱。但是，如果学识比不过徐陵，那就惨了，很多地方就读不懂。果然，他们读着读着卡壳了，不明白徐陵某句文字用的是什么典故，急得团团转。这时站在一边的李百药轻声提醒了下，父亲跑去翻书一核对，还真是这样，惊得大家纷纷称呼李百药是"奇童"。

长大后，李百药走上仕途，做太子舍人，这下有人眼红了，就开始诋毁他，李百药干脆拿病做借口，免官而去。后来袭封父爵，受到隋朝大臣杨素的喜爱，让他担任礼部员外郎，充分发挥他的文学才能，修律令、阴阳书等。

此时隋朝内部杨勇和杨广正在争夺太子之位，杨勇凭着自己的嫡长子身份，做事比较过分，渐渐被他的母亲独孤伽罗嫌弃，杨广则不同，对母亲百依百顺。我们知道，隋文帝"惧内"，自然听独孤伽罗的话，就把杨勇的太子之位废了。

这对李百药很不利，因为他曾辅佐过杨勇。

隋炀帝杨广有比较严重的人格分裂症，李世民有一次评价杨广说："读他的诗歌，会以为他是尧舜之君，没想到他做的事却残暴至极。"说的跟做的反差太大。

有一次，杨广跑到扬州招揽贤才，为自己继位造势，李百药也在他的邀请之列。没想到李百药很敏锐，看出杨广的阴险，又用自己生病的理由来搪塞。

杨广登基后不用再伪装善良了，就把李百药往死里整，直接把他贬为桂州司马，紧接着又把桂州废州为郡，李百药就没地儿当官了，只好先回家乡。

大业九年（613），管崇领导的起义军在江浙一带攻城略地，李百药镇守会稽，起义军久攻不下。按道理来说，守城有功，应该奖赏，结果杨广一听守城功臣是李百药，就说："这老东西还不死，把他贬到更远的地方去吧。"

李百药因功受罚，被贬去福建，他刚走到浙江湖州一带，被当地的农民起义军首领沈法兴抓住，就参加了起义部队。后来李子通领导的起义军打败沈法兴，李百药又效力李子通。没过两年，李子通又被杜伏威打败，李百药又换了领导。

这样换来换去不是办法啊，李百药就开始物色真命天子了。

武德五年（622），杜伏威投降唐军，但还在犹豫要不要去长安朝见唐高祖李渊，在李百药竭力劝说下才动身。半路上杜伏威反悔，已经来不及了，就迁怒于李百药，让他喝石灰酒。李百药因此得了严重的痢疾，拉得虚脱，差点死掉，没想到以毒攻毒，不久后，原来的旧病都痊愈了。被软禁在长安回不来的杜伏威越想越气，偷偷写了一封信，让他的手下把李百药杀了，幸好杜伏威的义子跟李百药关系很好，李百药才幸免于难。不久，杜伏威的部下再次叛变，被唐军杀得片甲不留，李百药也被俘虏。李渊准备杀他，这时查到杜伏威想杀李百药的信，才知道他对唐有功，便功过相抵，饶过死罪，把他流放到甘肃。

李世民很早就听说过李百药的诗名，他跟李渊不一样，李渊有一次抱怨说："李世民天天跟读书人混，都快不像我的儿子了！"如果说马上可以得天下，总不能在马背上治理天下吧，李世民的转变实际上是为治理天下做准备，后来果然跟杨广一样夺得了帝位。

只不过李世民比杨广包容，他不是继续迫害李百药，而是赶紧请他来做中书舍人，制定礼仪，修撰《北齐书》等。

有了李百药这类人才，大唐才迎来了贞观之治。

举些例子，比如，李世民即位后，让大臣们讨论是分封诸侯，还是采取郡县制。当时的尚书仆射萧瑀等人力主"分封"，李百药跟魏徵站在一起，主张郡县，李百药还专门写了一篇《封建论》来揭露分封的弊端，这才使李世民坚定地选择了郡县制。

再比如，朝代建立之初，要积极吸取前朝的教训，修史就是重要的途径。当时很多人修过北齐的史书，却迟迟无法完工。李百药就在父亲留下的史书底稿上修改增加，很快完成了《北齐书》，书中对北齐皇帝的混乱生活作了尽情地批判，给李世民留下深刻的印象。

出于对李百药的信任，李世民让他担任太子承乾的老师。

李百药太熟悉父子之间的斗争了，他在隋朝就是没处理好这个关系，几次陷入危机。如今眼看太子承乾漫游无度，他赶紧写了一篇《赞道赋》，用历史上的太子之事来警示承乾。这对承乾没用，他最后还是把自己玩废了，却引来李世民的注意。李世民把李百药叫到跟前夸赞道："我看了你的《赞道赋》，都是匡正太子的话，跟我当初派你去做太子老师的初衷一致，请你继续匡正，不要半途而废。"说完，赏了他很多布匹。李百药当然不傻，他听得出李世民弦外之音，那就是要继续以匡正太子的名义，监督到底。

正是隋朝的艰难经历，让李百药在唐朝游刃有余，他对此是很自觉的，因此常说"吉凶良倚伏"，认为吉凶相对，可以转化，生死不也如此吗？正是这样向死而生的坎坷命运，让李百药在文学上焕发出连续不断的生机。

虽然学界对他的诗歌评价徘徊在宫体诗与超越宫体诗的两极之间，但他的诗歌毕竟在隋唐之际引起很大的关注，上自李世民，下至樵童牧竖，都吟讽他的作品。李百药对唐诗的发展，做出了不可磨灭的贡献。

值得注意的是，李百药的艳诗创作，跟武则天入后宫成为李世民的才人几乎同时。

我们很难说是李百药的艳诗创作启发了李世民对武媚娘

的宠幸，还是对武媚娘的宠幸启发了李世民对艳诗的兴趣，但有一点似乎可以肯定，那就是李世民的艳诗虽然被虞世南扼杀在摇篮里，他的艳情却生生不息。

李世民一直以为文学跟国运无关，却不知道文学背后反映出来的情感跟国运密切相连，要知道，就是这个武媚娘，最后成为大唐的新主人。

骆宾王:"狙击"武则天

光宅元年(684)九月,武则天马不停蹄地往她的人生巅峰走去,为成为中国历史上第一个也是唯一一个女皇帝做准备。

这一年她很忙,年前刚送走病死的第二任丈夫唐高宗,又把继位的亲儿子唐中宗贬为庐陵王,把容易控制的唐睿宗扶起来。武则天还不放心,又派人偷偷把软禁在外的二儿子章怀太子逼杀了。

眼看已是九月,一年将尽,李唐王朝也该完了,该改姓武了。武则天松了口气,闭着眼继续谋划着:"如今万事俱备,只等一个时机,我便能登上皇帝宝座……"

这时太监飞身前来,口齿不清地惊呼"反了,反了",打断她的沉思。

武则天抬起眼皮瞥了他一眼,太监吓得扑通一声跪倒在地，不敢动弹。

正在给武则天按摩的男宠，被冒失的太监吓掉了魂儿，嘟着小嘴娇嗔。武则天伸出手指轻轻按住他的鲜唇，柔声说："你先进去，我处理完再来找你。"男宠赶紧低头退回去了，武则天这才让太监抬头禀报。

原来是徐敬业在扬州打着匡复李唐王室、拥护庐陵王的旗号，起兵谋反。

据太监说，还有一篇讨伐她的檄文，但他不敢念。

武则天让他尽管读，不治罪，太监这才战战兢兢地开口读起来，读到"蛾眉不肯让人""狐媚偏能惑主"，武则天默默笑了，心里想："都什么年代了，还玩红颜祸水的套路。"

忽然另外一句飘进耳中："一抔之土未干，六尺之孤安在？"上句是说唐高宗尸骨未寒，下句是说刚即位的唐中宗已被废弃，武则天微微皱了皱眉，这句檄文让她有点怀疑自己确实没尽到妻子和母亲的责任，但转念一想，她也不是仅仅想做妻子和母亲嘛。

想到这里，武则天问太监："这是谁写的？"

太监说是"骆宾王"，武则天一边嘴上平静地责怪宰相漏掉了这样的人才，一边心里却兴奋地高呼："机会来了！"

后面的故事我们都知道了，徐敬业和骆宾王在扬州起兵，历时三个月就兵败如山倒，骆宾王也不知下落。

徐敬业的起兵及其失败，实际上是让武则天头上的那把达摩克利斯之剑落了下来，使她知道，即便发生剧烈的军事斗争，也都在她的掌控之内，那为什么不做女皇帝呢？果然，武则天趁扬州之乱，诛杀李唐王室和大臣，终于在690年正式登基。

徐敬业的失败，主要是战略有误。起义之初声势浩大，加上骆宾王檄文带来的感动人心的团结力量，形势一片大好。这时徐敬业有两个选择，一是挥师北上，直捣长安，二是盘踞金陵一带，转攻为守。北上就是匡复李唐王室，目的明确，能够号召、集结反对武则天的势力，退守则有私心之嫌。最后徐敬业选择了退守的下策，兵败被杀。

徐敬业的军师魏思温主张北上，比较有远见，也是我们所熟知的，但历史学家忽略了另一位大唐军师骆宾王，他也是主张北上的，所以写有"戎衣何日定，歌舞入长安"的名句。

所不同的是，魏思温只是徐敬业的军师，而骆宾王则想为大唐开出药方。

骆宾王从小就是神童，历史上记载的神童虽然很多，多数却是只闻其名，不见真本事。骆宾王不一样，他七岁的时候就留下了一首咏鹅诗，传到今天。

三岁看到老，从咏鹅诗中我们也能看出骆宾王的人生追求，是想像鹅那样洁身自好，干净纯粹，然后报效国家，治理天下。

古代的"天"跟帝王政治有关，所以帝王又称天子，治理世间万物又称"治天下"，"曲项向天歌"也就意味着为天子治理天下而创作，难怪骆宾王要跟徐敬业一起举兵对抗武则天，这是他幼时树立的"大唐军师"理想的必然结果。

人要忠于年轻时候的梦想，骆宾王在这一点上不折不扣，哪怕为此遭遇各种挫折。

即便是神童，纯粹天真也容易出事，果然，骆宾王初入仕途就因交友不慎被罢官。幸好道王李元庆收留他在王府供职，对他比较满意，三年之后还下手谕，让他把自己的才能写出来，好把他推荐给其他达官贵人，这等于是想提拔他了。结果骆宾王的理想主义开始作祟，他按照李元庆的要求写了一篇《自叙状》，但是只字不提自己的才能，却对自己推荐自己的选拔方式极不赞同，反对意见写满整篇文章！

李元庆读完很诧异，虽一笑置之，却渐渐冷落起他来。

骆宾王为什么会做出这样的反常行为？难道神童真的会越长大越愚蠢？

我们得从事情背后的故事来理解他的做法。原来，李元庆的父亲李世民也曾提倡过自己举荐自己的选拔方式，被名臣魏徵怼了回去。李世民雄才大略，以听得进别人的意见著称，魏徵怼他的结果是意见被采纳，李元庆无法跟李世民相比，且本来用意就不一样，李世民是治理天下，李元庆就是好心好意想要提拔他，还被他这么一顿奚落，这不是好心当作驴肝肺吗？任谁也会心寒。

但骆宾王学魏徵的良苦用心，却因此明白无误地表现出来了。

告别道王府，骆宾王再次失业，回到兖州，在做官的积蓄没花完之前，过了一段悠闲的生活。据《夏日游德州赠高四》，骆宾王常跑到山林中寻访志同道合的朋友，相谈甚欢，以至于自己居住的院落四周长满野草也没时间剪除，家里的灰尘也不想打扫。

为什么把自己的小日子过成这个鬼样子？只能说他志不在此了。

他在诗歌中把自己比作陈蕃，陈蕃是东汉人，从不打扫庭院，有一天长辈问他为什么这么懒，陈蕃就回答说："男子汉大丈夫要扫除天下，怎么能只在家里搞卫生?"有人怀疑陈蕃大言无当，因为"一屋不扫，何以扫天下"嘛。从骆宾王来看，他是相信陈蕃的，因此也就不把小家放在心上，而心心念念着大唐的万里河山了。

这时他的好朋友写了一封信给他，希望他抓住时机出来做官。

这个朋友的名字比较奇特，叫员半千，据说有人称赞他是五百年才出一个的人才，他一高兴，就把名字改为"半千"，来对应五百年的说法。他认为的好时机具体是什么，已不可知，唯一知道的是，骆宾王回了他一封信，怼了他一顿。

在这封信中，骆宾王大谈老庄的道德之说，摒弃员半千的机会主义，其实是大有深意的。因为大唐的帝王姓李，所以把老子李聃的道家之说奉为圭臬，而武则天后来为了独揽大权，则多借助佛教打击道家。我们难以确定这封信的具体写作时间，但从信中忠于老庄思想的内容来看，骆宾王对李唐王室的忠心是一以贯之的，这也就为后面的反对武则天埋下思想伏笔。

员半千的劝说无效，几年后骆宾王却给高官刘祥道写信自荐，渴望出道。这再一次印证了我们的观点，因为这刘祥道跟武则天不合，而员半千最后却靠武则天的赏识成为大官。

麟德二年（665），唐高宗去泰山封禅，骆宾王应齐州父老的推举，写了一篇《请陪封禅表》献上，对唐高宗的文治武功不仅例行公事地颂扬一番，而且确实带有强烈的"曲项向天歌"的真情实感。唐高宗好大喜功，看了很高兴，让他入京对策，并被幸运地选中。

客观地说，骆宾王这次重新做官并不全是因为唐高宗赏识他，而是借了封禅的东风。未到二十岁的王勃，快要五十岁的骆宾王，都在这次东风中获益，被授予官职，只不过他们得到的官职都是芝麻小官。

这就是初唐四杰乃至整个大唐诗人都不得不面临的时代难题，也就是我们常说的"怀才不遇，沉沦下僚"。

虽然官职卑微，恶语中伤却不少，骆宾王做了个大胆的决定：投笔从戎。

当时吐蕃跟吐谷浑开战，大唐派名将薛仁贵出征，骆宾王信心满满。没想到薛仁贵手下将领不听号令，唐军大败，骆宾王困在西域穷极无聊，无所建树。

几年后西南叛乱，骆宾王随军征调，打了几场胜仗。本以为返京后会升迁，没想到驻守的军队又被叛贼余党打败，功过相抵，骆宾王转为武功县主簿，这跟他从军前的官职是一样的品秩！兜兜转转这么久，一下被打回原形，骆宾王终于看清从军行为的本质。当吐蕃再次入寇时，特别赏识其才华的裴行俭奉命将要出征，想让他担任军中要职，被他礼貌地拒绝了。

虽然仕途回到原点，骆宾王的创作却达到了高峰。

经过太多的挫折，他写出了被誉为"绝唱"的《帝京篇》，"谁惜长沙傅，独负洛阳才"的不平之声传遍整个长安。

就在人们都以为骆宾王要咸鱼大翻身时，他的母亲却去世了。守完三年母丧，骆宾王回到官场，可能是因为创作的巨大成功，也可能是反对武则天一派的官僚重视骆宾王，他不久就被提拔为侍御史，这是他一生中最高的官职，工作内容主要是监察、弹劾百官。

此时唐高宗卧病，天下大事都由武则天决定，本来应该弹劾百官不法行为的骆宾王，却直接跟武则天对着干，讽刺"天后"！

这还得了，武则天随便递个眼色，一大群阿谀奉承的酷吏就给骆宾王"安排"上了，诬告他贪污。

骆宾王从监察官一下子变成被审问的犯人，遭受严刑，锒铛入狱，心情何其愤懑，《在狱咏蝉》最能体现：

西陆蝉声唱，南冠客思侵。

那堪玄鬓影，来对白头吟。

露重飞难进，风多响易沉。

无人信高洁，谁为表予心！

小时候幻想着要"曲项向天歌"，老来才明白现实是"露重飞难进"，一身才华，别说报效祖国，连自己的命运都无法掌握，这究竟是自己的错，还是时代的错？

从骆宾王几次在诗句中发出死灰复燃的感叹来看，他认为是武则天把时代带偏了，骆宾王心中也就此埋下跟天后对抗到底的种子。

按道理说，以武则天的手段，骆宾王是没有机会生还的。

一来此时的骆宾王不足以对她构成实质性的威胁，二来骆宾王赶上唐高宗立太子大赦天下的时机，因此捡回一条小命，被贬为临海丞，用他自己的话来说是"涸鳞去辙还游海"，也就是咸鱼虽然没有翻身，好歹脱离监狱，回归大海，颇有放虎归山的气势。

681 年的春天，骆宾王在易水边送别自己的朋友，写诗说：

> 此地别燕丹，壮发上冲冠。
> 昔时人已殁，今日水犹寒！

把自己想要学荆轲刺秦王的内心，一览无余地表露出来。

他这时的偶像是商山四皓（"不如从四皓，山中鸣一琴"），也很能说明他的真实想法。商山四皓固然是隐士，但是刘邦晚年想换太子，是商山四皓保住了太子之位，联系到武则天后来对太子李弘的迫害，骆宾王的动机不言而喻。

在跟徐敬业起兵之前，骆宾王还有机会被武则天拉拢。

684 年，武则天废掉唐中宗，另立唐睿宗，自己临朝称制，广揽天下人才。被武则天信任的左骁卫大将军程务挺想推荐骆宾王，骆宾王却直接以自己是"天地中一无用刍狗耳"回绝了。

正是这无用的刍狗，转眼跟徐敬业在扬州碰头，写下了"试看今日之域中，竟是谁家之天下"的战斗檄文，要为大唐之天下而粉身碎骨，在所不惜。

难怪作为敌人的武则天，也不能不佩服。

何况，武则天头上那把剑能"及时"落下来，骆宾王的功劳也不小。

至于兵败后骆宾王是伏诛还是隐遁，则已成为历史的谜团，无从得知。

陈子昂：炒作出道

跟骆宾王不同，陈子昂对武则天称帝是绝对拥护的。很多人不能理解。其实陈子昂出道非常艰难，武则天临朝称制后他才考中进士，能不万分感激吗？

656年，陈子昂诞生，因为是长子，家族宠爱，生活无拘无束，射猎赌博，行侠仗义，直到十七八岁还不知道读书。

他有一个堂弟，比他小四岁。这个堂弟为人豪侠，又爱读书，被陈子昂的父亲寄予厚望，可惜只活了三十五岁就去世了。陈子昂给他写墓志铭，还清楚记得父亲对他的殷切希冀，说明陈子昂多么在乎此事。

的确，父亲不夸自己，却夸堂弟，对陈子昂来说，心理创伤是很大的。

十八岁那年，不知道是因为犯了大错，还是父亲的刺激，陈子昂终于在乡学受到启发，认真读书。虽然读得很刻苦，创作才华也得到一定的肯定，比如诗人王适来到射洪，说陈子昂会成为一代文宗，但他毕竟浪费了大好青春，就这么临时抱抱佛脚，自然不够。

思来想去，陈家做了一个大胆的决定，"高考移民"！

唐高宗永徽年间以后，每次科举选拔人才，都先从长安、洛阳的国子监中挑选优秀学生，然后才轮到各州县的"乡贡士"。陈家看见国子监学生的优先录取权，不失为一条捷径，就让陈子昂去长安国子监深造。

从考试的角度来说，走捷径未必正确，但此行却大大开阔了陈子昂的视野，他路过湖北省宜都县的荆门山时，写下四句诗：

遥遥去巫峡，望望下章台。
巴国山川尽，荆门烟雾开。

四句之中，连用"巫峡""章台""巴国""荆门"四个地名，却一点也不板滞，后来杜甫创作"即从巴峡穿巫峡，便下襄阳向洛阳"的名篇，便是受到他的启发。

按照国子监的章程，已经二十一岁的陈子昂没得选，只能学习律学专业，也就是讲习法律。法律在今天当然是显学之一，在唐代却不是士子的好选择，不过这难不倒陈子昂，估计他又选修了第二专业，因此考试的时候，选择的还是进士科。

本来基础就不牢，又是跨专业，陈子昂心里没底。

唐代考试并不实行糊名制，考官阅卷能知道答题人是谁。为了让考官有好感，很多考生就费尽心力想红。有权有势的考生，就靠人脉打招呼；没权没势者，就把自己的优秀作品想办法送到考官府邸，谓之行卷；办法很多，因为大家都这么做，所以不算作弊。

陈子昂虽在四川是小土豪，到了繁华的长安并不显眼，名气没有打出来，对他考试很不利。

眼看考试临近，他越发着急，倒不是担心会的不考、考的不会，而是不知道怎么吸引考官眼球。

有一天陈子昂出门散心，不知不觉来到热闹的东市，远远看见一群人聚在一堆，他好奇地跑过来一探究竟，原来是有人卖胡琴，卖得贼贵。大家小心翼翼地看胡琴，不知道是真是假，谁也不敢买。

眼看围观的人越来越多，陈子昂灵机一动，大喊一声："我买！"

人群骚动起来。好心人怕年轻人被骗，提醒他说："花这么多钱买胡琴，不值得，公子三思。"

陈子昂眼里放着光说："我喜欢听胡琴曲儿，也喜欢跟大家一起听，如果诸位不嫌弃，我明日在家备好酒菜，恭候诸位光临。"

人们听说陈家公子不仅买琴，还热情好客，谁不愿意来蹭吃蹭喝还蹭音乐呢？就一传十，十传百，第二天很多人来到陈子昂的住处。

陈子昂小时候喜欢赌博吃喝，这种场面见多了，盛情款待大家。

酒过三巡，人已微醺，情绪高涨，一曲胡琴过后，陈子昂突然把胡琴摔碎在地，大家还没反应过来，就听见人群中发出了阵阵惋惜声。

陈子昂起身作揖说："我叫陈子昂，有比胡琴更好的下酒菜献给诸位。"

语毕，他让仆人把自己所写的诗文分发给众人。就这样，陈子昂"一日之内，声华溢都"，正式出道，打响了名气，连武则天的侄子武攸宜也知道他了。

唐高宗永淳元年（682）正月，陈子昂满怀信心地前往洛阳，走进进士科考场，二月放榜，却名落孙山。不知道是因为基础不扎实，还是长安的名气还没传到洛阳，抑或是百分之一二的录取率太低，总之，陈子昂想走捷径、靠行为艺术出名的策略算是彻底失败。

落榜之后，陈子昂心情低落，他感叹着"黄金装屡尽"，回忆自己千金一掷的豪情，希望越大，越失魂落魄。

回到家后，陈子昂一蹶不振，虽然还在读书，却老是想着隐居逃避。父亲眼看儿子日渐失去信心，有一天把他叫到跟前，开导他说："时代呼唤英雄，我儿不可继续消沉。周文王跟姜子牙君臣相遇，开辟周朝太平四百余年，后来又大乱四百余年；汉代君臣相遇，太平四百余年，又大乱四百余年；以此类推，只要君臣相遇，大唐也会步入四百余年的太平盛世。我已经老了，希望全寄托在你身上。"

不得不说，父亲的脑回路很清奇，但不管是不是胡说，对陈子昂的鼓舞很大。

毕竟，以前父亲是把希望寄托在堂弟身上的，如今全押在自己身上，即便自己不是个宝，也像个宝。陈子昂早年的赌徒心态被激发了，怎么能一次定输赢呢？他不服，第二年秋天就告别父亲，再次到洛阳备考。

684年，武则天临朝称制，陈子昂考中了乙科进士，父亲的话应验了，看来武则天就是他将要遇到的圣君，他要跟圣君一起开创大唐四百年太平！

就在这时，发生的另外一件事愈发坚定了陈子昂的想法。当时朝廷准备把唐高宗的灵柩迁到关中一带，可是关中灾荒连年，陈子昂担心劳民伤财，就写了一封《谏灵驾入京书》，主张把唐高宗的遗骨就地安葬在洛阳。虽然陈子昂刚考中进士，还没来得及授官就写谏书，颇有急躁之嫌，但武则天还真的读了，大为赞许，立即召见他。

武则天身边的男宠多是皮肤细腻的"小鲜肉"，猛然间见到略带草莽野性的陈子昂，顿生好感，又听他滔滔不绝的治国之术，一高兴，授予他麟台正字的清要官职。

这不就是妥妥的君臣相遇吗？要知道，以前的君臣相遇，不过是男性权力的同类加持，如今不同，陈子昂面对的圣君是女性，所谓"男女搭配干活不累"，开辟大唐盛世不过是举手之劳。

武则天也确实把陈子昂拿捏得死死的，次年十一月十六日，又专门赐给他纸笔，让他谈论"天下利害"，把陈子昂收拾得死心塌地。

正是在这种"结交嬴台女，吟弄升天行"的君臣相遇的美好幻想中，陈子昂建功立业的渴望在诗歌中热烈地传达出来了。

有一次，他在好友那里读到东方虬的《咏孤桐篇》，被其"骨气端翔，音情顿挫"的内容吸引，不自觉想到父亲四百年治乱交替的说法，掐指一算，从汉魏风骨到今天，"文章道弊，五百年矣"。为了开辟大唐盛世，陈子昂积极展开诗文革新，反对齐梁无病呻吟的诗风，提倡具有真情实感的建安文学。

文学一旦落了地，就像照妖镜，是非好坏无所遁形。

武则天的很多做法，渐渐在陈子昂眼中变味了。

她趁着扬州之乱，诛杀无辜，清除异己，又不断发动战争，转移国内矛盾，种种行径，既显示出她的帝王谋略，也使陈子昂越发看清她的真面目。

687 年，武则天想在雅州开辟一条通道，以便打击羌族和吐蕃。陈子昂是四川人，竭力反对，他认为这条通道一旦打开，不仅唐军可以利用，吐蕃也可以由此入侵。虽然最后武则天服软，听从了他的建议，但大多数时候武则天对他的意见采取冷处理的办法，不作答复。可是等到陈子昂灰心之际，她又召见他，请他来谈论"当今政要，行何道可以适时"的话题，使陈子昂欲罢不能。

武则天对陈子昂的忽冷忽热，展现出极高的政治手腕。

陈子昂虽然在690年武则天称帝的时候进献《大周受命颂》，对她一顿猛夸，但似乎并没有被武则天纳入核心圈里。也许武则天仅仅是看重他的才华，让他写写应制唱和诗罢了，这跟陈子昂本人的文学主张是相悖的，由此可见武则天并不真的了解他。后来虽然让他担任右拾遗，大约也是利用他敢言的性格驾驭群卜，却没想到给陈子昂招来了大祸。

694年，陈子昂因为结交的朋友中有"逆党"，自己也被扣上了谋反的罪名。虽然入狱一年后，武则天又让他重新担任右拾遗，但他的报国热情却急剧消退。

直到696年，契丹叛乱，陈子昂随武攸宜出征。本来热情洋溢，想要忠君报国，结果提的建议不被采纳，还惹怒了武攸宜，被他直接降职，真是屋漏偏逢连夜雨。

心灰意冷的陈子昂骑马离开蓟城，游览燕之旧都，一口气写下《蓟丘览古赠卢居士藏用》七首诗，追念燕昭王与乐毅君臣相遇的壮举，感叹自己到底还是君臣不遇的悲哀。七首诗写完，内心仍旧填满愤懑，陈子昂失声痛哭，吟唱出的每个字都撕心裂肺：

前不见古人，后不见来者。

念天地之悠悠，独怆然而涕下。

这首后人称作《登幽州台歌》的名作，不仅预示着陈子昂对武则天及其一派势力的彻底失望，也是对自己职业生涯的最终评判。

果然，回朝不久他就上书辞官，武则天感念他的拥戴之功，允许他带官返乡，也就是领着右拾遗的俸禄退休。

有些学者认为这是对陈子昂的"优待"，在我看来，恰恰是给陈子昂扎上了最狠的一刀。

陈子昂回家后，父亲没多久就去世了，他守孝期间痛不欲生，健康大大受损。

祸不单行，射洪县县令段简为了捞财，听说陈家富裕，就罗织罪名，把虚弱不堪的陈子昂抓起来。奇怪的是，段简拿了陈家送来的救命钱却不办事，仍旧要置他于死地。陈子昂给自己算了一卦，大凶，最后真的冤死在狱中，终年四十二岁。

沈亚之认为段简背后有武三思撑腰，因为陈子昂任右拾遗期间得罪过他，这倒不是没有可能。

本来想着趁早出道后君臣相遇，干一番利国利民的大事，最后却落得冤死狱中，陈子昂的不得善终，与他的炒作出道不无干系，令人深思。

张说：毒舌宰相

万岁通天元年（696），就在陈子昂痛哭流涕地唱"前不见古人，后不见来者"的时候，武攸宜麾下还有另一位大唐词宗，他就是张说。

陈子昂既然说自己是"独怆然而涕下"，可见跟张说的关系很一般。

这也难怪，同是下属，陈子昂的领导武攸宜带兵受挫，他就想自己申请带兵跟敌人作战，虽然表面上说为国捐躯，实际上充满对武攸宜能力的质疑；张说的领导王孝杰跟契丹叛军作战，中了埋伏，十七万大军损失殆尽，王孝杰自己也从悬崖上坠落身亡，张说却在向武则天汇报的时候说："王将军深入敌后，以少战多，最后寡不敌众，以死报国，虽败犹荣！"武攸宜最后好歹还赢了，王孝杰则损兵折将，陈子昂与张说对领导的不同评价就能看出他们性格上的差异，很难玩到一起。

史书对张说的评价，不是开元名相，就是燕许大手笔，总之，在政治才能和文学贡献方面俱佳。这当然是事实，但他少为人知的毒舌一面也是千真万确的。

他的一些同僚曾私下里说他是"张公之言，毒于极刑"，也就是他的话能够毒辣到让人听了生不如死，下不了台。据说他在中书省跟同事们办公，同事稍有差错，他就破口大骂，搞得大家都嫌弃他。

御史中丞宇文融跟他政见不一致，他就死磕到底，只要是宇文融的建议，他就反对。受他提拔的张九龄好心劝他说："现在陛下很看重宇文融，您不能总是这么跟他对着干。"

张说眼皮也不抬，嗤之以鼻地说："他就是个鼠辈，能干出啥名堂？"

张说的毒舌，有时是跟同僚竞争的一种方式。

开元十年（722），广州都督裴伷先因罪下狱，另一位大臣张嘉贞建议廷杖，张说反对，还把之前张嘉贞怂恿唐玄宗李隆基杖杀秘书监姜皎的旧账翻出来，说："刑不上大夫，不能再犯同样的错误了。"

李隆基采纳了张说的意见，张嘉贞很不高兴，退朝后指责他："你刚才说的话是不是求之过深？搞得好像姜皎是我害死的。"

张说也不示弱，反唇相讥："是不是想害他，你心里还不清楚吗？"

张嘉贞更加生气了，毕竟这事儿的幕后推手是李隆基。当年李隆基想要废掉王皇后，跟姜皎合计，没想到姜皎嘴快，把秘密泄露出去了，李隆基就找了个借口，在张嘉贞的迎合下，把姜皎打了一顿，姜皎后来死在流放路上。

张说也不敢戳破真相，何况张嘉贞的官位比自己大一些，赶紧语中带刺地安慰他："我这也是为你好。你想想，宰相只是一个名头，陛下要用我们的时候就用我们，但我们不可能永远做宰相，如果大官都可以被廷杖，我们是不是有一天也会被廷杖呢？我这不是为了裴伷先，而是为了天下的君子啊！"

这一番话，妙在有理有据，却又至少扎了三根刺。第一根刺是暗示张嘉贞的宰相位不牢，祝他早日滚蛋；第二根刺是希望张嘉贞有一天也犯罪，可以尝尝打屁股的滋味；第三根刺更绝，用自己并非为某个人开脱，来暗示张嘉贞不过是跟裴伷先有过节，公报私仇而已。

张嘉贞怎会听不出来？两人就此撕破脸。

后来张嘉贞的弟弟贪污被抓，张说趁机给他出了个馊主意，让他素服待罪。张嘉贞忙乱之中慌了手脚，一个不留神，被张说算计了，真的这么做了。

结果李隆基大怒，把他贬官，他的中书令宝位就落到张说手中了。

为什么会这样呢？因为明面上犯罪的只是张嘉贞的弟弟，而不是张嘉贞（尽管他也贪污，但张说也有贪污的毛病），李隆基本来也只是想追究他弟弟的责任。

张嘉贞听张说的话来这么一出，等于是不打自招，承认自己有罪，这不是给李隆基出难题吗？更要命的是，李隆基还没怪罪他，他倒自己来找罪受，这不等于是质疑李隆基的权威吗？宰相挑战皇权，怎么死的都不知道。

大约李隆基心里也不舒服，所以一年后在中书省宴请群官，特意把张嘉贞也叫上，让他跟张说聒噪聒噪，丢丢他们的脸。两人也没让李隆基失望，仇人见面分外眼红，撸起袖子对骂个不停，要不是有人劝个不停，肯定得干架！

有时毒舌也是张说的一种进言方式。

唐代虽有文成公主、松赞干布联姻的美谈，但二人去世后，吐蕃和大唐的关系一直比较紧张。李隆基想要派兵打服吐蕃，张说深知两强相抗，死伤必多，得不偿失，就劝李隆基接受吐蕃的求和，李隆基没听。唐军虽然在征伐中打了一些胜仗，但也付出了巨大的代价。这时候李隆基骑虎难下，张说就以进献"斗羊"为由头，写了一篇表奏，里面说道："此羊好斗，每次斗殴，不死不休，我们是要继续看它们打到死为止，还是宅心仁厚，去劝个架呢？"

李隆基虽被比作好斗的羊，被张说臭骂了一顿，但也知道他的好意，不仅没有责罚他，反而赏他很多彩缎。

无毒不丈夫，张说的毒辣不仅仅是毒舌，也体现在行动上。

李隆基还是太子的时候，张说是太子侍读。唐睿宗比较优柔寡断，他的妹妹太平公主就想像武则天那样操控他，偷偷散播流言，挑拨李隆基跟唐睿宗的父子关系。

唐睿宗跟群臣说："术士预言，这几天宫里会有兵乱，大家都给我精神点儿。"

没人敢说话，只有张说站出来说："这谣言肯定是为了挑拨陛下和太子的关系，如果陛下让太子监国，谣言不攻自破。"

唐睿宗受够了武则天的摆布，不想再被另一个女人操控，就采纳了他的建议。

太平公主急了，想要收编张说，张说不干，太平公主就把他支使到洛阳去任职，让他远离李隆基，方便她下手。

张说来到洛阳，三下五除二就把事情处理完，仍不放心李隆基，悄悄派使者带着一把佩刀呈给他，要他当断则断，否则反受其乱。李隆基连身边的人都保不下来，也感到危在旦夕，就听从张说的暗示，心里一横，先发制人，铲平了亲姑姑太平公主的势力。

尽管张说只是催促李隆基下定决心，从中也可以看出张说的毒辣和果敢。

不管是毒舌还是手段毒辣，张说都是有底线的。

武则天晚年宠幸张昌宗兄弟，张昌宗原是张说的上级，带领他们修撰《三教珠英》。武则天也很欣赏张说的才华，在制科考试中亲手把他选拔为第一名。按道理来说，他们应该是密切联系在一起的命运共同体。

这时武则天渐渐老惫，张昌宗因为常被宰相魏元忠弹劾，就怀恨在心，趁着服侍武则天的亲热劲儿，不动声色地说："看看，看看，陛下的皮肤水灵灵、滑嫩嫩的，比我们都好！真不知魏元忠是怎么想的，竟说陛下老了，还想要拥立太子……"

武则天正闭眼享受身心的双重舒适，一听这话火冒三丈，从温水里站起身，低头看着清水从日渐走形的身体上滴落，不由得悲从中来。还是张昌宗眼疾手快，马上用一床丝绸被遮住武则天的身体，可是武则天的心思已经飞远了，仿佛身体机能的衰退，都是魏元忠的错，她下定决心要狠狠惩罚他。

武则天还没从悲愤中缓过神来，要张昌宗和魏元忠对簿朝堂，好定魏元忠的罪。张昌宗仗着武则天的宠爱，有恃无恐，为了一击毙命，还做足了功课，在前一天软硬兼施，搞定手下张说，让他出来做伪证。

我们开头说过，张说对领导是很有一套的，不轻易得罪，这次也一样，就答应了。

果然，魏元忠不好对付，无论张昌宗怎么诬告，就是死不承认。

张昌宗说有证人，武则天就让张说进殿做证。

宋璟、刘知几等纷纷拦住张说，对他说："人哪，总有那么几个关键时刻，决定了我们的一生。你今天是否做伪证，就是这样的时刻，你一定要慎重地决定！"张说在张昌宗许诺的美官和道义之间，最后选择了道义。

武则天看见张说临时倒戈，要不是老得没有牙了，还真要被气得牙痒痒，斥责他是"反复无常的小人"，把他当作魏元忠的同谋，定了他的罪，流放到岭南的钦州。

张说的毒舌与毒辣，是刚猛性格在言行上的反映，而他的刚猛性格则是随着大唐国力的发展而发展的，因此使他的文风带有大手笔、大制作的特点。

这是优点，但如果仅有刚猛，不会柔和，文学的感染力也会大打折扣。这得感谢主张吏治、不爱文艺的姚崇。

李隆基诛杀太平公主后，需要提升国力，以安定百姓，就重用姚崇，张说为了维护自己的地位，就一直阻拦。姚崇成为宰相后，张说很害怕，就去李隆基的弟弟岐王那里寻求庇佑，被姚崇打了个小报告成功反杀。李隆基此时正打算励精图治，吏事精通的姚崇是更合适的帮手，就把文儒张说贬谪到岳州。

岳州在今天的洞庭湖一带，风景秀丽，张说被贬岳州之后，"诗益凄婉，人谓得江山之助"。他的作品不再是干巴巴的文字了，好像洞庭湖的湖光山色帮助他提升了创作水平。这是大自然的馈赠，也是他下基层、接地气后的意外补偿。

最重要的还是他学会了跟自己和解，在这荒远的贬谪之地，他不再需要毒舌去攻击或自卫，于是在刚猛性格之外学会了凄婉。他送朋友的时候，就动情地写道：

巴陵一望洞庭秋，日见孤峰水上浮。

闻道神仙不可接，心随湖水共悠悠。

洞庭湖上的孤峰，多像他自己，而这种孤独，如果他能早一点儿感受到，也许就会成为陈子昂的好朋友了。可惜这种孤独是暂时的，张说与陈子昂终究不是一路人。

他眼看李隆基不喜欢文儒，就改变自己的身份。他靠跟宰相苏颋的交情，重新得到起用，担任幽州都督。朝见李隆基的时候穿着一身铠甲，雄姿英发，不再像文弱的书生，李隆基果然高兴。紧接着张说就平定叛乱的突厥，安抚诸部，取得赫赫战功，守护了边疆的和平；又迎合李隆基好大喜功的心理，建议他去泰山封禅，总算是靠实力重新夺回了李隆基的宠爱。

尽管张说再一次成为宰辅，走上人生巅峰，他的文学业绩却上不去了，因此后人评价他的时候，更多着眼于他通过权力提拔、赏识了很多年轻诗人，却不曾对他的诗歌做出太高的评价。

王翰：别人家的孩子

张说引荐过的众多才子中，王翰是比较特殊的一位。

他平时就狂妄得要死，喝了酒之后更是不知天高地厚。他没有出来做官时，张嘉贞是他的地方长官。有一次王翰喝高兴了，自己对着空酒瓶就高歌起来，还不尽兴，非要让张嘉贞给他伴舞。拉长官给平民伴舞，你说王翰牛气不牛气？

当年杜审言因为得了武则天的任用，高兴得跳起舞来，被后人笑话得不行，这还是属下在长官面前舞蹈。王翰倒好，直接让张嘉贞给他跳舞，还一脸理所应当，对张嘉贞来说，可谓是伤害虽不大，侮辱性极强。难怪张嘉贞的死对头张说会这么欣赏王翰。

因为闯出了名气，成为别人家的孩子，很多父母就以王翰为榜样来要求自己的子女。

杜华的母亲有一次对杜华说:"儿啊,做母亲可不仅仅是把你生出来,还得把你教好才行。你看孟子的母亲搬了三次家,才把孟子培养成才。我也没有别的心愿,要是能让你跟王翰做邻居,我就放心了。"

杜华一听,立刻跟王翰结交。要知道,王翰天天喝酒骑马、看美女跳舞,杜华可早就想跟他厮混,现在连借口都省掉了。

王翰万万没有想到,这一点名气,后来还被杜甫给利用了。杜甫在含有"读书破万卷,下笔如有神"名句的诗中,特意加了一句:"李邕求识面,王翰愿卜邻。"意思是说,杜甫觉得自己很不得了,大家纷纷想去见上一面的李邕,都主动跑过来见他,大家都想做邻居的王翰,也主动想搬到他隔壁——换句话说,杜甫认为自己比李邕还李邕,比王翰还王翰。

看来老杜年轻的时候也犯过迷糊,追了很多星,就是没把自己看清。

大唐重声望,王翰打出名气之后,确实得了不少好处,难怪杜华的母亲想让儿子学他。他很快就考上了进士,还做过一些小官,写过一些跟李隆基、张说唱和的诗篇,大多都是平平之作。兴趣比职业重要,王翰写得最好的作品,还是反映他侠骨柔情的。

他喜欢宴饮，写起歌妓、怨妇来得心应手。有一次送好友去华阴赴任，王翰就写了一首诗，吹嘘华阴那边的山上有仙女，曾经跟一位樵夫相遇过，这下好友要去那边做官了，会不会遇到她呢？明明是去做官，却被王翰写成了去泡仙女，可见他的柔情本色。

也正是对做官不上心，王翰后来被诬陷贬谪，死在半路上。

柔情不等于淫靡，这是我们需要注意的，王翰自己也劝君王不要沉迷女色，写有"一国荒淫万国羞"之句。那怎么解释他自己天天跟歌妓厮混呢？

这就不得不说他的侠骨了，他自视甚高，看问题比别人远得多，比如我们熟悉的"醉卧沙场君莫笑，古来征战几人回"，一般人只知道醉醺醺上战场是送死，王翰却能看到，不管是醒是醉，打仗都是死路一条，既然如此，还不如醉些好。看问题如此透彻，却一直在做小官，王翰侠骨柔情的背后，其实是一腔热血喂了狗，绝望透顶的。

这可是李隆基治理下的大唐盛世啊，王翰有什么好绝望的？

具体的事情我们已经难以考证了，从他的《饮马长城窟行》来看，他大约是看到或预料到李隆基的前后巨变，因为诗中写秦始皇"富国强兵二十年，筑怨兴徭九千里"，前半生统一六国，何其英武，最后因为修筑长城抵御北胡，把大秦王国透支了，才有了二世亡国。李隆基励精图治，最后却引发安史之乱，确实是做了两截人，前半生英雄，后半生废物。

不管这首诗是否是预言，有一点却提醒我们，在王翰的心灵深处，强盛是不可持续的。盛极必衰，无论这个衰败的原因是主观的还是客观的。

如果他的人生底色是这样的信条，那么他活得越是轰轰烈烈，也就越是在为自己唱挽歌；反之，活得越是平平淡淡，越有起色的希冀。

可惜，他是"葡萄美酒夜光杯"的日子太多，心底的阴影就越强，就像很多抑郁症患者，总把最美的笑容留给别人。

崔颢：暧昧容易上头

崔颢是贵族子弟，家族实力雄厚，自己又是青年才俊，考中进士，可以说风光无限。

可他有个苦恼，就是太容易迷恋女性的美貌，据说他找老婆只有一个要求，就是漂亮。我们知道，漂不漂亮是个很主观的印象，如果仅仅以漂亮作为结婚的理由，那明天遇见一个更漂亮的怎么办呢？难道离婚再娶吗？

没错，崔颢就是这么做的，他一共换了三四个老婆。

有一次他因为生病而身子虚弱，别人却说他是"吟得一手好诗"，才会有这个下场，搞得崔颢百口莫辩，好多天不敢写诗。

翻开崔颢的诗歌，处处是他的暧昧日记。要知道，他的诗保存到今天的不过四十多首，却有一半左右是写女子的。

我们看看诗题，什么《川上女》《邯郸宫人怨》《岐王席观妓》，等等，就大约知道他的生活足迹虽然踏遍南北，大抵总少不了女子。

他玩起暧昧来，真是像极了爱情。比如：

> 君家何处住，妾住在横塘。
>
> 停舟暂借问，或恐是同乡。

引得女子主动开口求爱，他却欲擒故纵地回答说：

> 家临九江水，来去九江侧。
>
> 同是长干人，生小不相识。

既吊足了胃口，又不全然拒绝，留好了后门。当然，这首诗未必是写实，但从中也可以看出他的技巧之高，说不是情场老手，反正我不信。

这个暧昧达人有时候还当起妇女之友，写《代闺人答轻薄少年》之类的诗歌。这首诗最精彩的部分在中间，写闺人眼中的轻薄少年，栩栩如生：

平明挟弹入新丰，日晚挥鞭出长乐。

青丝白马冶游园，能使行人驻马看。

自矜陌上繁华盛，不念闺中花鸟阑。

花间陌上春将晚，走马斗鸡犹未返。

天天早出晚归，跑马斗鸡，羡煞旁人，一点也不想念房中的妻子，真是"三过家门而不入"！崔颢怎么能把轻薄少年刻画得如此逼真？这里面恐怕多多少少有些他自己现身说法的成分。

要不怎么说一物降一物呢？崔颢玩暧昧也栽过跟头。

我们前面提到过的名人李邕，有一次听说了崔颢的诗名，就邀请他来家中做客。崔颢高高兴兴地跑来，李邕就问他最近写了什么好诗，崔颢得意忘形地说："最近没怎么创作，就写了一首《王家少妇》。"

李邕听了，鼻子一皱，没好气地说："念来听听？"

崔颢就等这句话呢，忙不迭地朗诵起来：

十五嫁王昌，盈盈入画堂。

自矜年最少，复倚婿为郎。

舞爱前溪绿，歌怜子夜长。

闲来斗百草，度日不成妆。

诗歌的大概意思是说，王家小老婆十五岁就嫁给王昌了，她在妻妾中最小，也最受宠爱，但她自己稚气未脱，一有空闲就去跟女伴玩斗草游戏，连妆也不化！李邕听了这首诗，指着崔颢大骂道："你这个兔崽子，太不讲礼数了，你赶紧给我滚，我们不欢迎你！"

后人不太搞得懂李邕为什么发脾气，都以为是崔颢讲黄段子惹怒了一本正经的李邕，实则大错特错。大唐风气开放，李邕也不至于这么小气。

要想知道原因，还得从《王家少妇》的诗中找答案。我们不妨想想看，诗中的少妇不化妆也能迷住王昌，这种素面朝天的勇气，也只有年龄小才敢。而王昌是何许人呢？大概就是南朝乐府中莫愁嫁与卢郎后所思恋的情人"东家王"，萧衍《河中之水歌》说："洛阳女儿名莫愁……十五嫁为卢郎妇……人生富贵何所望，恨不早嫁东家王。"后来便代指如意郎君。由此可见，崔颢这首诗，不过是写了王家少妇及时嫁给如意郎君的事情。

崔颢的言外之意，可能是想表达自己很幸运，就像王家少妇一样，很早就考中进士，或者很早就被李邕看重。这在崔颢自己是无碍的，但他忘记了，自己的幸运往往映照出别人的不幸，这就看其他人怎么理解了。

李邕也是少年成名，他来看崔颢这首诗，起码可以有两种理解使他大为光火。第一种就是认为崔颢是用王家少妇来比自己，这是不符合晚辈见长辈的礼节的，但这种理解的可能性不大，毕竟他们都是聪明人。李邕的第二种理解，就是明白崔颢是自比王家少妇，但这个王家少妇有争宠之意，虽然这种争宠是不争之争，也就是不必通过争宠就能得宠，但事实上达到了争宠的效果。这可不得了，本来是邀请他来交个朋友，他却一来就挑拨离间，让大家争个亲疏远近，这对喜欢交友的李邕来说是无法容忍的，况且也不符合"君子不争"的道德要求，就把崔颢给臭骂一顿。

就这样，崔颢把一手好牌打得稀烂，自己做了二十多年官还是只有九品，直到去世前才升上六品，并在安史之乱爆发的前一年一命呜呼了。

可能在沉沦下僚的生活中，崔颢意识到自己的年少轻狂不对，所以后来把《王家少妇》这首诗改为《古意》，以祭奠被自己浪费的大好青春。

也正是李邕的这顿骂，让他从轻薄子弟的队伍中抽身，写出了被誉为唐代七律第一的佳作：

> 昔人已乘黄鹤去，此地空余黄鹤楼。
>
> 黄鹤一去不复返，白云千载空悠悠。
>
> 晴川历历汉阳树，芳草萋萋鹦鹉洲。
>
> 日暮乡关何处是，烟波江上使人愁。

值得一提的是，敦煌发现的唐代写本上，这首诗的首句是"昔人已乘白云去"，应该比较接近崔颢的原作。

小说家们猎奇，把李白"凤凰台上凤凰游，凤去台空江自流"的诗，看作是跟崔颢争胜的作品，后人就通过李白的诗歌反推崔颢的作品，发现李白诗中用了三次"凤凰"意象，比崔颢的诗精彩，怎么办呢？王安石想了个办法，大笔一挥，把"昔人已乘白云去"改为"昔人已乘黄鹤去"，崔颢的诗中不也就有三个"黄鹤"意象了吗？

实际上没有必要，崔颢和李白的诗都很好，我们如果一定要争个高低，小心也要被李邕臭骂。

王昌龄：君子报仇，死后不晚

公元八世纪的西安东郊，有个小伙子喜欢钓鱼。

有一天运气特别好，钓到一对白鲤鱼。他兴奋地收起鱼竿，准备回家，抬头看到大雁排着队往南方飞。小伙子读过很多书，忽然想起最近流传的一首小众诗歌中的两句诗："鸿雁长飞光不度，鱼龙潜跃水成文。"鸿雁和鲤鱼，都是信使，为什么这两条鲤鱼被我抓住，鸿雁却仍旧自由飞翔？

小伙子本来是想再捕捉两只大雁，好配着鲤鱼做下酒菜的。可他琢磨了一会儿，发现自己之所以无法捕捉大雁，就是因为它们无求于他，而鲤鱼则被他的诱饵给迷惑了，才上钩被抓。小伙子觉得自己读书考进士，也像鲤鱼一样，是有求于人的，不知道以后会不会也被抓住。那时候，谁来救他呢？

这么一想，秋风吹过他瘦弱的躯干，他不禁打了个寒战，默默地捧着鲤鱼回到水边，把它们放生了，同时许了个心愿："如果某天我不小心被抓，也有好心人来救我吧。"

这个好学深思的小伙子就是王昌龄。虽然出生在长安，却家境衰落，不得不四处奔走。他曾跑去开封，半路上遇到雨雪天气，天寒地冻，他虽然年轻，无奈衣服单薄，不抗冻，只能唱歌给自己加油：

当时每酣醉，不觉行路难。

今日无酒钱，凄惶向谁叹。

连喝酒御寒的钱都没有，生活还有什么奔头。

后来，他又从河南漫游到河北，写了大量的边塞诗，对战争形成了自身的独特看法。在冷兵器时代，战争是国际关系最突出的表现形式，对战争的认识之深浅，也就代表了他对社会了解的多少。王昌龄对开元、天宝时期的对外战争，总体上是反对的，这也好理解，大唐已是当时世界上的头号强国，周边的契丹、突厥、吐蕃等族都已臣服，没必要穷兵黩武。

王昌龄广为流传的《出塞》诗，就是这类思想的形象反映：

秦时明月汉时关，万里长征人未还。

但使龙城飞将在，不教胡马度阴山。

"人未还"说明战争对人民的戕害，"万里"之遥又委婉地点出征战的非必要性，那为什么还要出征呢？这就不能不归到领导者的身上，所以后两句引用飞将军李广的故事，来暗示问题出在李隆基那里。因为李广是"功多翻下狱，士卒但心伤"，如果李隆基能够明辨是非，选拔李广这样的贤将，根本就不必想着去征服全世界，也能守卫国家安全。

反之，如果没有这样的辨别力，就算赢得全世界，也不可能真的平安，因为很容易众叛亲离，引发内乱。

反战思想在王昌龄的漫游末期得到强化。他写了《从军行》组诗，其中一首写道：

青海长云暗雪山，孤城遥望玉门关。

黄沙百战穿金甲，不破楼兰终不还。

这首诗就是对"人未还"的深化，此诗容易被人误会是在弘扬大唐士兵的昂扬斗志，从诗歌文字表面来看确实如此，但我们进一步追问他们的斗志从何而来，就会发现异样。不是他们不想回来，而是玉门关被远远地抛在身后，就算想回来也回不来，只能硬着头皮往前冲，甚至连往前冲的信念，也源于回家。他们天真地以为攻破敌军，就能凯旋了！这才是"不破楼兰终不还"的悲壮所在。

这也在《从军行》组诗的开篇得到印证：

烽火城西百尺楼，黄昏独上海风秋。

更吹羌笛关山月，无那金闺万里愁。

历来评论家都被诗中的"言不尽意"所折服，以为王昌龄"不言己之思家，而但言无以慰闺中之思己，正深于思家者"，说明此诗不是写闺怨，而是表现征人不得归来之愁，不就是"人未还"吗？

我们可以设想，王昌龄漫游河南河北、河西陇右等地的时候，也曾想过从军，所谓"宁为百夫长，胜作一书生"嘛，但最终出于对战争的深刻认识，他打消了这个念头，所以在诗中说"早知行路难，悔不理章句"，决心还是读书考进士去。

因为身边发生的事情，不断印证着他的看法。比如，他

经过陕西凤翔县时，遇到一位老战士，这位老战士给他讲了
自己的从军经历：

> 去时三十万，独自还长安。
>
> 不信沙场苦，君看刀箭瘢。
>
> 乡亲悉零落，冢墓亦摧残。
>
> 仰攀青松枝，恸绝伤心肝。

　　一起出征的三十万大军，只有他一人生还，虽然身上全
是疤痕，但已经够幸运了吧？可是回家一看，亲人都已去世，
连祖坟都被挖了！当年从军不就是想改善家人生活吗？前后
对比，使从军变得不仅毫无意义，甚至万分丑陋。于是王昌
龄又回到长安老家，不再漫游了。

　　他的一篇名作就是这种思想的诗意呈现：

> 闺中少妇不知愁，春日凝妆上翠楼。
>
> 忽见陌头杨柳色，悔教夫婿觅封侯。

　　也不知道是边塞诗创作的巨大成功给他带来了声望，还

是潜心读书让他实力大增，开元十五年（727）王昌龄考中进士，在中央做起了校书郎。吃上了公家饭，让他的立场发生了一些微妙的转变，写了一些吹捧朝廷、歌颂李隆基的作品。

但从心底里来说，王昌龄的思想没有发生大的改变，他真切地把大唐由盛转衰的趋势看在眼里，但由于自己官职卑微，无能为力，只好表现出对世事的疏离，以便消极抵抗，所以他特意写诗给朋友说：

> 儒有轻王侯，脱略当事务。
>
> 本家蓝田下，非为渔弋故。

表现出他对沽名钓誉的漠视和不屑。在这样的行为下，他想引起李隆基的重视是不可能的。因此他创作出一些闺怨诗，来表达他的不满。比如我们熟悉的"玉颜不及寒鸦色，犹带昭阳日影来""谁分含啼掩秋扇，空悬明月待君王"等诗，就含有对李隆基的失望。

在封建时代，纵使再有才华，跟国君理念不合，也很容易受挫。王昌龄更是如此，史书上说他为人不拘小节，因此被贬谪到岭南。再次回到长安后，他并没有改变自己的立场，甚至更激烈了：

> 戎夷非草木，侵逐使狼狈。
>
> 虽有屠城功，亦有降虏辈。

大唐的入侵，使周边百姓深受其害，哪怕用屠城来威胁也没用，别说没用，还会引发已经投降的部落的反叛，显示出王昌龄的批判性更强了，忧患意识也更深了。他甚至还写诗给岑参，让他不要从军来助纣为虐，建议他去游山探险："追随探灵怪，岂不骄王侯。"因为同样的忧患，王昌龄跟李白等诗人结成好朋友。

因为跟李隆基理念不合，长安没有容身之地，王昌龄来到南京担任江宁丞，这不但没有改变他，反而坚定了他的决心，也使他跟一批志同道合的人士结成同盟，创作了剖白心迹的送友名作：

> 寒雨连江夜入吴，平明送客楚山孤。
>
> 洛阳亲友如相问，一片冰心在玉壶。

高洁的品格虽然遭受现实的摧残，但他不再自我怀疑了，也不再写以前的闺怨诗，而是写出更为自信的诗篇，如《采莲曲》：

荷叶罗裙一色裁，芙蓉向脸两边开。

乱入池中看不见，闻歌始觉有人来。

王昌龄也像他笔下塑造的"天生丽质难自弃"的采莲女那样，举手投足之间尽显人格魅力。但这样的人格魅力，在别有用心者看来，就比较碍眼了。

天宝八载（749），王昌龄又被贬谪到龙标（今湖南黔阳），这次贬谪的原因史书还是没有记载，可能也是莫须有的罪名。从他贬谪时写的"何当报君恩，却系单于头"来看，王昌龄对自己被贬的原因是比较清楚的，因为他明说赎罪的办法是斩获单于的头颅，那他获罪的原因岂不就是发表反战的言论？

从李白为他这次贬谪特意写诗来看，王昌龄可能是当时反战派的代表人物之一，李白在诗中说：

杨花落尽子规啼，闻道龙标过五溪。

我寄愁心与明月，随君直到夜郎西。

以李白天宝年间赐金放还、不跟朝廷合作的政治态度来看，李白不仅是为王昌龄被贬担忧，更是为大唐未来发愁。

王昌龄在贬谪路上遇到一位同样被贬的老将，这位老将当年"黄旗一点兵马收，乱杀胡人积如丘"，为大唐冲锋陷阵，后来却因"疮病驱来配边州"，遇到王昌龄，大吐苦水。王昌龄一边开解他，一边提出了不同的意见，他说：

> 仆本东山为国忧，明光殿前论九畴。
>
> 麓读兵书尽冥搜，为君掌上施权谋。
>
> 洞晓山川无与俦，紫宸诏发远怀柔。
>
> 摇笔飞霜如夺钩，鬼神不得知其由。
>
> 怜爱苍生比蚍蜉，朔河屯兵须渐抽。
>
> 尽遣降来拜御沟，便令海内休戈矛。

王昌龄把自己比作东山谢安石，想要为李隆基扫除胡尘，不过他的方法不是"乱杀胡人"，而是"怀柔"政策，从而达到华夷和平、"怜爱苍生"和征人返乡的效果。其中透露出来的消息，印证着我们前面的猜测。

来到贬谪地龙标之后，王昌龄并没有消沉，李白等人的支持，让他坚定了信念，他甚至在送别朋友的时候还安慰他："青山一道同云雨，明月何曾是两乡。"只要我们理念一致，万水千山也不能把我们阻隔。

他送的这位朋友叫"柴侍御"，名字不详，从"侍御"来看，应该是侍御史之类的京官，可见王昌龄被贬谪龙标之后，仍旧没有学会沉默，还在不断影响他人，甚至是京官。从旗亭画壁的故事来看，王昌龄无疑是当时的意见领袖之一。

天宝十四载（755）十一月，手握重兵的安禄山在范阳起兵，十二月攻克洛阳，次年称帝，建国大燕，并进攻长安。唐玄宗李隆基仓皇入蜀，唐肃宗在灵武即位，不可一世的大唐陷入混乱。王昌龄、李白、杜甫等人所担心的事情就这样爆发了，他们不仅高兴不起来，反而更加忧心忡忡。

李白后来投靠永王李璘，想要为国杀敌，没想到唐肃宗跟永王兄弟相残，李白受到牵连，要被贬到夜郎，当年写给王昌龄"随君直到夜郎西"的诗，就像预言，真是造化弄人。

杜甫"麻鞋见天子"，跑到唐肃宗那里出谋划策，不久卷入唐玄宗跟唐肃宗的父子争权之中，弃官而去。

当所有人都开始行动的时候，王昌龄按捺不住了。

实际上，安史之乱的主战场一直在北方，远在湖南的王昌龄完全没必要卷入战争。但我们却吃惊地发现，他在安史之乱中成了最美逆行者，大家都往南边逃，他却往北边去，一路高歌"忠贞抱生死"，表明自己为国尽忠的志向。

这就不得不多说一句，王昌龄等人是反对李隆基的政策，但并不意味不爱国；恰恰相反，他们对大唐的热爱是真爱，因此虽在它强盛的时候被一贬再贬，没有得到一点好处，但在它混乱的时候挺身而出，不顾安危，甚至搭上性命也在所不辞，这才是真的"猛士"！

北返路过淮南，王昌龄心里满是报国之策，没意识到危险的逼近。

当地刺史闾丘晓为人刚愎自用，眼看北方大乱，他开始打起自己的小算盘，按兵不动。王昌龄路过淮南，势必要跟闾丘晓见面，两人意见不合，王昌龄被他残忍杀害。闾丘晓杀害王昌龄的原因，史书并没有记载，但史书记载了唐肃宗的宰相张镐为王昌龄报仇的事。当时张镐按军河南，召集诸路唐军支援睢阳，闾丘晓本来就不服从命令，又怕万一没支援成功祸及于己，就迟迟不发兵，导致睢阳失守，张巡遇害。

张镐一气之下，要杀闾丘晓，闾丘晓跪地求饶说："我家还有亲人要赡养，请您罚钱，饶我一条狗命。"

张镐气愤地说："王昌龄家里也有老母亲要养，你是怎么对待他的？"

说完，就把闾丘晓杖杀了，为王昌龄报了仇。

从张镐的行为来看，王昌龄被闾丘晓所害，不是因为私下的个人恩怨，而是政治态度不同所导致的人生悲剧。

可惜，因为史料缺乏，以上大部分的内容都是我们根据王昌龄残存的诗篇做出的猜测，也许细节上不一定全对，但王昌龄被埋没千年的"大节"由此得以揭示，是八九不离十的。他生前的意见不被采纳，到处碰壁，安史乱起，又积极想要保家卫国，却"出师未捷身先死"，被宵小之辈残忍杀害，能不"长使英雄泪满襟"吗？

庆幸的是，君子的感召力，不是随生命的结束而消失的，张镐能在他死后为他报仇，而且是以宰相的身份进行，不是最好地说明了这一点吗？

难怪王昌龄被后人称作"诗天子"，他真是当之无愧。

孟浩然："三好"诗人

诗歌史上喜欢把孟浩然跟王维合称，王维爱山水，他对同样爱山水的孟浩然是引为知己的，但在孟浩然心里，恐怕跟王昌龄更亲近。

孟浩然动身赶往京城考进士，跟王昌龄的考中时间比较一致，有学者推测可能是王昌龄在鼓励他。考试失败，离开京城的路上，孟浩然无人谈心，第一个想到的就是王昌龄，特意写了一首诗给他，可见王昌龄在他心中的分量，诗中还为王昌龄久不升迁打抱不平："永怀蓬阁友，寂寞滞扬云。"

不久，王昌龄去孟浩然家拜访，告别时孟浩然置办酒席给他饯行，王昌龄把自己想要隐居的念头告诉了孟浩然。据说王昌龄和常建等人还真在鄂渚一带隐居过。

开元二十七年（739）王昌龄贬谪岭南，第二年遇赦北归，来到襄阳，赶紧跑去见孟浩然，当时孟浩然大病初愈，两人见面，开怀痛饮，顾不得忌口，引得孟浩然旧病复发，竟然因此去世了。

次年，王维奉命南下考察官员的政绩，路过襄阳，写了一首《哭孟浩然》。

孟浩然跟王昌龄，在我看来就是人生的 AB 面，他们互相羡慕着，却共同组成复杂的生命面向，启发我们去思考人生的终极意义：究竟是像孟浩然那样没有功名利禄却可以心满意足地死去，还是像王昌龄那样充满人生使命感却竹篮打水一场空最后还被残忍杀害？

当然，孟浩然跟王维之间也还有故事。孟浩然好不容易去长安赴考，支持他的除了王昌龄，大约还有王维。据说有一次众多诗人聚集在秘书省联句，孟浩然开口就说："微云淡河汉，疏雨滴梧桐。"众人钦佩折服，不再下笔，推孟浩然为首。

这件事很有可能是事先商量好的，大唐诗人们想为孟浩然考中进士营造声势。

王维在金銮殿值班，闲来无事，私自邀请孟浩然进来商量诗歌。不久，有人入报说陛下来了，孟浩然躲避不及时，只好惊愕地躲到床底下。王维不敢隐瞒，李隆基听说孟浩然在这里，高兴地说："朕还没见过他呢。"

下诏请孟浩然出来相见，李隆基问他："你带诗来了吗?"

孟浩然回答说："恰巧没带。"

李隆基就让他吟诵近期的作品，朗诵到"不才明主弃，多病故人疏"两句时，李隆基感慨地说："你自己不来做官，我何曾弃你不用，这明明是诬陷我嘛。"于是很不高兴，放他回终南山。

这个故事很好地满足了大家对孟浩然没出来做官的疑惑不解，但基本上是虚构的。

孟浩然不做官，最直接的原因当然是没考上进士，这跟他不善于写科举文章有关。他的诗确实写得好，但有些诗题写得不太能读通，就能知道他的"申论"水平了。可他又不愿意逐人所好，就懒得改。

他不做官，最根本的原因还是不想做官，张九龄贬为荆州长史的时候，请孟浩然去做僚属，孟浩然试了下，没能坚持下来。

很多人官本位思想根深蒂固，以为不当官就活不好，也许对某些人来说确实如此，但孟浩然绝不这么看。他是典型的"三好"诗人：吃好，睡好，玩好。这三好，哪一个不比做官好？我们分别来看看。

先说吃。孟浩然特别喜欢当地的一种缩头鳊鱼，别人钓鱼是为了像姜太公那样愿者上钩，钓个机会，他不一样，他就要钓鳊鱼吃：

试垂竹竿钓，果得查头鳊。

美人聘金错，纤手脍红鲜。

"果"字很传神，说明他拿起钓竿就是为了钓鱼吃，后来果然钓到了就很高兴，何况还有美女拿金错刀来脍鲜鱼呢！这个就有点吃日本生鱼片的风味了。

孟浩然为什么这么喜欢缩头鳊鱼？大约跟它的形状有关，它的头和脖子都很短小，像是缩了起来，这不就跟他的隐退人生很像吗？如果说缩头使鳊鱼更加鲜美，那么隐退也使孟浩然的诗更有滋味，可不能被"缩头乌龟"的联想给带偏了。

至于他的旧疾复发是不是因为吃鳊鱼所致，更不重要，毕竟对爱美食的人来说，即便把自己吃死，那点儿美食的爱好还是至死不渝的。

正是对鱼的热爱，使他写下很多名篇，我们最喜欢的是这首：

八月湖水平，涵虚混太清。

气蒸云梦泽，波撼岳阳城。

欲济无舟楫，端居耻圣明。

坐观垂钓者，徒有羡鱼情。

原来，隐退的缩头人，胸怀并不小，从这首诗的气势来看，可以吞下好几个云梦泽了。值得注意的是末句，一般认为是在引用"临渊羡鱼不如退而结网"的典故，实际上孟浩然可能真的就是单纯想吃鱼，这种心情吃货比较懂。

除了喜欢吃鱼，孟浩然还喜欢吃水果，他在家乡种了很多果树，有一次生病了，好久没出去，他怀念的就是"林园久不游，果木一何盛"。甚至有时还想吃仙草仙果。

鸡黍是孟浩然的家常美食之一，有点类似我们今天吃的"黄焖鸡米饭"，不同的是，鸡黍在当时应该是待客美味，所以孟浩然去拜访旧友，旧友就是这么招待他的：

故人具鸡黍，邀我至田家。

绿树村边合，青山郭外斜。

开轩面场圃，把酒话桑麻。

待到重阳日，还来就菊花。

客人来拜访孟浩然，孟浩然也是这么招待客人的：

落日池上酌，清风松下来。

厨人具鸡黍，稚子摘杨梅。

一碗黄焖鸡米饭之外，还有新鲜的杨梅开胃，真是妙哉！

跟大多数诗人一样，孟浩然也喜欢喝酒。他喝酒讲究兴致，有时喝到一半，筵席上的音乐停了，他就会催促歌妓继续演奏，生怕败兴。

除了这样的聚饮，他也爱跟好朋友慢饮，"一杯弹一曲，不觉夕阳沉"，端着酒杯就把一天的悠长日子过完，何其美哉。

孟浩然这么关注吃的，实则是因物质匮乏，他偶尔在诗中流露一二，比如他说："甘脆朝不足，箪瓢夕屡空。"早上食物不足，晚饭干脆没了，吃了上顿没下顿。我们什么时候觉得食物美味？就是饿坏了的时候。可能很多读者并不知道饥饿的感觉，这当然是一种幸福，但由此也错过了一些精彩，有时候我们感叹没有胃口，不要急着去责怪母亲的饭菜做得不好，饿一顿，吃什么都会觉得有滋味。

虽然家境贫寒，孟浩然却努力维持着做人的尊严，直到有一次生病，好朋友很久没来看他，他很伤心，开始自我怀疑，这时一位朋友来看望，他又立刻热情款待：

> 伏枕旧游旷，笙簧劳梦思。
>
> 平生重交结，迨此令人疑。
>
> 冰室无暖气，炎云空赫曦。
>
> 隙驹不暂驻，日听凉蝉悲。
>
> 壮图衰未立，斑白恨吾衰。
>
> 夫子自南楚，缅怀嵩汝期。
>
> 顾予衡茅下，兼致稟物资。
>
> 脱分趋庭礼，殷勤伐木诗。
>
> 脱君车前鞅，设我园中葵。
>
> 斗酒须寒兴，明朝难重持。

这位朋友过来看他，还带了些生活物品救济他，他只能把园中的蔬菜摘来，再用薄酒款待。实在无以为报，又写了这首诗相赠。

试想，款待朋友的酒菜尚且如此，他的日常饮食就大概能猜到了，很容易让我们想到老杜，令人泪目。孟浩然身边的朋友都舍不得他，其中一个原因，就是怕他一不小心饿死了，我们看李白写给他的一首诗：

故人西辞黄鹤楼，烟花三月下扬州。

孤帆远影碧空尽，唯见长江天际流。

直到看不见孟浩然了，李白还舍不得转身，就怕一个转身，此生永别。

贫寒让孟浩然不得不四处游历，交朋结友，互相帮助。孟浩然没有去吴越前，听了很多相关的仙人故事，非常期望去看看，来了一趟吴越，好不容易活着回家，赶紧感叹还是家乡好。他甚至跟我们一样，在过年前几天赶上春运，有时候一张回家的车票也买不到，只好就地过年，在除夕夜写写诗，表达对亲人的思念。

这样艰难的生活，不仅没有打垮孟浩然，反而养成了他外冷内暖的气质，把游历当作一种积累经验的体验，甚至险中求乐。有一次他路过赣水十八滩，水路惊险，船员害怕，他却气定神闲地写道：

> 榜人苦奔峭，而我忘险艰。
>
> 放溜情弥远，登舻目自闲。

这已经开了苏轼"险中得乐虽一快"的先河。

艰难也使孟浩然更加珍惜人与人之间的情感，尤其是亲情。盛唐诗人写了很多闺怨诗，但真正表达对妻子的挚爱的，据我所知，只有孟浩然、杜甫等寥寥几位。有一次七夕节，孟浩然还漂泊在外，虽然无法回家与妻子团圆，但仪式感不能少，他写了一首情诗：

> 他乡逢七夕，旅馆益羁愁。
>
> 不见穿针妇，空怀故国楼。
>
> 绪风初减热，新月始临秋。
>
> 谁忍窥河汉，迢迢问斗牛。

相比杜甫"清辉玉臂寒""不解忆长安"的含蓄，孟浩然对妻子之爱抒发得更为直率更为浓烈，同时也更粗暴一些，他没有把妻子修饰成"玉臂"，而是直呼"穿针妇"，简单粗暴的称呼之外，满满的爱意扑面而来。

既来之则安之，诗人的眼睛善于发现美，他还真的从中找到快乐，比如：

卧闻渔浦口，桡声暗相拨。

日出气象分，始知江路阔。

美人常晏起，照影弄流沫。

因为江上雾大，一开始只能听到舟船出发的声音，等到太阳升高，雾气驱散，宽阔的江面一览无遗，令人心旷神怡，不远处的江边，能看见晚起的美女在对着江水梳洗。这样的游历，难怪孟浩然要说"舟行自无闷，况值晴景豁"了。

最快乐的，当然是遇到美景时可以"辍棹恣探讨"，即停船慢慢逛，这跟我们打卡式的旅游完全不同，孟浩然的游玩基本上都是深度游，有时候白天不够，夜晚已至，他就睡在船上，或者睡在僧房，继续神游：

夕阳度西岭，群壑倏已暝。

松月生夜凉，风泉满清听。

樵人归欲尽，烟鸟栖初定。

之子期宿来，孤琴候萝径。

不仅自己就地住宿，还拉朋友一起住，虽然朋友没有来，孟浩然却为了美景流连忘返，不能自已，玩得很好。

如果不必经历危险，就在家附近游玩，就更快乐了，孟浩然家的北边就有条河流，他常常在水满的时候乘舟游览：

北涧流常满，浮舟触处通。

沿洄自有趣，何必五湖中。

正是对家乡的这种热爱，使我们把襄阳跟孟浩然永远联系在一起，就像羊祜和岘山一样。羊祜是西晋灭吴的功臣，他喜欢登岘山，有一次对下属邹湛等人说："鸿蒙开辟，这座山就存在了，很多人也曾像我们一样爬到山顶上远眺，如今谁还听过他们的名字呢？一想到这点，我就难过。等我去世了，我的魂魄还是要回到这座山上来的。"

邹湛回答说："您功成名就，肯定会被后人记得，像我邹湛这样的无名之辈，倒是会湮没无闻的。"

后人为了纪念羊祜，就在山上给他立碑，游人来到碑前，就会悲从中来，泪如雨下，这块碑就被称作堕泪碑。

有一次孟浩然登上岘山，没有看到羊祜归来的魂魄，但堕泪碑还在，他一时感动，就写了这首诗：

人事有代谢，往来成古今。

江山留胜迹，我辈复登临。

水落鱼梁浅，天寒梦泽深。

羊公碑尚在，读罢泪沾襟。

孟浩然肯定地说"羊公碑尚在"，就是对羊祜超越时间的肯定，可是羊祜建立了不世之业才会如此，孟浩然不禁想到自己的一生没什么功业，看来要被遗忘了，就流下了眼泪。事实证明，孟浩然通过诗人的事业，也实现了永世长存的梦想。倒是读他诗歌的我们，怕是会被时光无情遗忘吧。

别说永垂不朽这样宏大的理想了，在今天快节奏生活下，我们就是想要睡到自然醒，也是奢望。孟浩然很能睡，前面说他睡在船上，就是很好的例子，他甚至为了不早起，而打消做官的念头："早朝非晚起，束带异抽簪。"因为做官要上早朝。

一觉睡到大天亮，是孟浩然的常态，这也给他带来很多灵感，比如这首诗：

春眠不觉晓，处处闻啼鸟。

夜来风雨声，花落知多少。

诗中说他被鸟鸣叫醒，这可比被闹钟强行唤醒幸福多了。

"三好"之中任意实现一个都是幸福，如果同时实现呢？那就是人生巅峰了。通观孟浩然留下来的几百首诗歌，只有一首"三好"诗歌，是寒食节那天，当地县令请他赴宴而创作的，诗中说：

瑞雪初盈尺，寒宵始半更。

列筵邀酒伴，刻烛限诗成。

香炭金炉暖，娇弦玉指清。

醉来方欲卧，不觉晓鸡鸣。

瑞雪兆丰年，大家喝酒写诗，歌姬舞女在一边佐兴，吃好玩好，不知不觉就喝醉了，倒头就睡，一觉睡到鸡叫，人间乐事，夫复何求？

另外，孟浩然还有一首写喝醉的诗，勉强算得上吃好睡好的"二好"诗歌：

> 客醉眠未起，主人呼解酲。
>
> 已言鸡黍熟，复道瓮头清。

不过，字里行间显出穷酸可怜的气息，读来令人有苦中作乐的勇敢，却没有尽情享乐的畅快。

孟浩然半个世纪的生命之旅，有一小半时间是在所谓的大唐盛世度过的，他留下来的比较典型的"三好"诗篇，却仅有一首。看来不仅我们难，古人也难。

而他们留下来的经典诗篇，则给我们带来片刻的休憩，并目送我们踏上漫漫长路，所谓"酒酣白日暮，走马入红尘"是也。

王维：天才少年，没有童年

把王昌龄视作"诗天子"，可能很多人不认同，而宁愿认为"天"是字讹，"诗天子"实际上是"诗夫子"，否则，李白、杜甫且不说，王维也不答应。

我倒觉得这是多虑了，因为王维号诗佛，李白号诗仙，杜甫号诗圣，哪个不比诗天子厉害？天子再强，不过是人间之王，佛、仙、圣超凡入微，岂是天子可比的？不过话说回来，这些称号我未必都赞同，比如诗佛的说法我就保留意见。在我看来，王维是大唐诗人中的"萌神"，要说可爱，非他莫属，但也因此埋下祸根。

作为八世纪初的"○○"后，王维是比较幸运的，他的一生大多数时间都是在太平盛世度过，跟前面的诗人比起来，简直是时代的宠儿，也就此塑造了他呆萌可爱的面貌。

十五岁那年，王维前往长安，路过秦始皇墓，写了一首咏古诗，讽刺始皇墓过于奢侈，末尾两句说："更闻松韵切，疑是大夫哀。"秦始皇在泰山封禅时，忽然来了一场暴风雨，他就躲到一棵松树下，事后把这棵护驾有功的松树封为五大夫。王维不动声色地绷着小脸，数落始皇墓修得太过富丽，忽然听到附近的松声，赶紧吐了吐舌头，不敢再继续讽刺了，因为这些松树都是秦始皇的卫士呀，他可不敢得罪，全诗也就戛然而止。

十七岁那年的九月九日，漂泊在长安的王维非常想家，写了一首名诗：

独在异乡为异客，每逢佳节倍思亲。

遥知兄弟登高处，遍插茱萸少一人。

这时的长安对未考中进士的王维来说还是孤独的异乡，每到节日就使他更想念家人，这是很感人的，也是至今能够拨动我们心弦的原因所在。但如果我们进一步追问，他想念家人的什么呢？就会发现，他关注的是重阳节这天插茱萸的事儿，是可以出去登高游玩——这不能不让我们强烈怀疑，真正让他心动的是这天可以放假，就像我们喜欢端午节，也是因为有一天假期可以挥霍。

这也好理解，他此时还要准备考进士，待在长安少不得苦读，能放松一天是一天。从这个角度去看"遍插茱萸少一人"，不难体会到他羡慕兄弟们有机会玩耍的心情。

这种稚气未脱的小心思，在王维最擅长的山水田园诗中比比皆是，因为山水田园就是游玩的好场所。我们举大家最熟悉的诗为例：

> 独坐幽篁里，弹琴复长啸。
>
> 深林人不知，明月来相照。

此时王维已经走到了人生的后半段，还是没有改掉少年时的喜好，独自坐在黑魆魆的竹林里，感觉四周无人，就淘气地弹琴长啸，释放长久以来的压抑情绪。谁知天上的月光照过来，让他赶紧闭上嘴巴，以为自己泄露了天机，惹怒月亮。

更绝的是，他把矛盾的心态也写进了诗中。有一次游山玩水累了想休息时，他就"隔水问樵夫"，跟樵夫的关系处理得可好了，甚至到了"偶然值林叟，谈笑无还期"的程度，可是一旦发现了奥秘，就神秘兮兮地说："暗入商山路，樵人不可知。"嘘，不要告诉樵夫！老天爷，他就没有想到别人会看他的这些诗吗？他就这么天真地写下"此地无银三百两"，跟小孩子有什么区别。

开元八年（720），王维已成功进入岐王的朋友圈。有一次李隆基想要借岐王的九成宫避暑，王维写了一首应教诗，也就是按照岐王给定的题目来写，王维没写几句，又回到了他的山水本色，比如这一段：

隔窗云雾生衣上，卷幔山泉入镜中。

林下水声喧笑语，岩间树色隐房栊。

如果不说是写九成宫，放在王维的田园诗中，有什么区别呢？比如喧笑语，很容易让我们想到"竹喧归浣女，莲动下渔舟"。这种不自觉的山水乱入，固然说明了王维对山水的热爱是出于真性情，但也暴露出他的小孩子一样的偏执心理。

据说王维次年就在岐王的安排下考中进士。这里面还有一段插曲，说是考试前，岐王对他说："你准备几篇清脆激扬的作品，再创作一首琵琶新曲，到时候我们一起去拜访九公主。"王维很听话，照岐王的吩咐做了。

见面那天，众多乐工绕着王维独奏，九公主被惊艳到了，很赏识他，问他弹奏的乐曲叫什么名字，王维说："《郁轮袍》。"又拿出写诗的纸卷给她看，九公主说："这都是我熟悉的作品，我以为是古人写的，没想到作者是你，真是英雄出少年啊！"就把王维延请到尊贵的座位，并承诺说："京师能得到你这样的人来做解头，是京师的荣耀！"就竭力推荐他。果然，王维这次以第一名的成绩考中进士。

但这个故事的可信度并不高。退一步讲，即便真如此，也少不了王维前期的刻苦学习，否则为什么"遍插茱萸少一人"，他却不能休息呢？要知道，陈子昂这么大年纪的时候，还没开始读书呢。

由此也可看出王维是个乖宝宝，他很听话，于是就被要求学得更多，除了考试内容之外，音乐、绘画也不能落下。这带来的影响是多方面且持续一生的，他后来每次做官，都会跟领导搞好关系，就是体现之一。

另外，他特别循规蹈矩，比如晚年，一次朋友们来拜访他，没有见着，他知道后就写诗说："君但倾茶碗，无妨骑马归。"大意是说，虽然我不在家，没法拿酒招待你们，但仆人还是会以茶相待的，喝茶有个好处，就是不妨碍你们在回去的路上骑马。马在今天相当于我们的代步车，王维言下之意，就是喝茶不用担心酒驾了，怪不得他少年时会写"相逢意气为君饮，系马高楼垂柳边"，原来是让游侠少年们"开车不喝酒，喝酒不开车"，多礼貌的孩子啊！

遵守规则能够让人成为高官，但也容易让人性格脆弱。王维为什么痴迷于佛教，就是因为宗教给了他力量，他曾说："一生几许伤心事，不向空门何处销。"

王维确实懦弱，从以下这首诗就能看出来：

红豆生南国，春来发几枝。

愿君多采撷，此物最相思。

既然红豆代表相思，那你勇敢地送给别人啊，可他不敢，反而让别人多去采摘，自己望而却步。当王昌龄等人疾呼反战的时候，他虽然是朝廷中拾遗、御史一类的进谏官员，却很少发声。从这个角度来看，王维有点像圆滑的不倒翁，或者说是人畜无害的旁观者，他不敢参与到历史的进程中去。

可是我思来想去，不愿这样称呼他，就是因为他的圆滑来自脆弱，是一种孩子般的无奈。

十九岁那年，王维写了一篇《桃源行》，基本上代表了他的人生态度，是他成年的标志。这首诗前四句从渔人的角度论述游山玩水的好处，是可以不经意间进入与世隔绝的桃花源世界。这就告诉我们，王维的游山玩水是对世事的一种逃避，其最早的表现，就是对考试学习的无意识疏离。

诗的中间写住在桃花源里的人是"初因避地去人间，及至成仙遂不还"，值得注意的是，成仙后的桃源人却反而对俗世感兴趣，他们把渔人邀请到家里，向他打听都市繁华的状况。这种打听勾起了渔人对世俗生活的思念，于是告别桃花源。

离开的时候，他在心里打了个小算盘，单纯地认为，如果自己还想回来，肯定不会迷路，却不知道沧海桑田，地形已经改变，他原来的记忆派不上用场了，王维用惋惜的口吻总结说："春来遍是桃花水，不辨仙源何处寻。"

对桃花源的追踪，贯穿了王维一生。他做官不久就在淇上隐居，后来又陆续在终南山等地隐居过，最著名的当然是辋川。有人可能会说，只要坚定信念，隐居就是了，为什么要不断地做官——隐居——做官呢？这样纠结，王维不累吗？我们说他性格软弱，就体现在这里。

王维在诗中竭力想把自己逼成隐士，但实际上他跟渔人一样，割舍不下世俗社会。天宝十二载（753），年过五十的王维还在写给朋友的诗中说："须忆今日斗酒别，慎勿富贵忘我为。"他的朋友因为跟杨国忠不合而被贬谪，王维给他送行，却说你以后东山再起，可不要忘了我。这让我们很容易想到"老奸巨猾"四个字。

这种做派看似中立，却两边都下赌注，无论哪一方赢，他都不会吃亏。

王维确实有这样庸俗的一面，我们也没必要特别回护。安史之乱中他被安禄山抓住，授予伪官。有一次听见梨园子弟给安禄山唱歌，他就口占一首诗：

万户伤心生野烟，百官何日再朝天？

秋槐花落空宫里，凝碧池头奏管弦。

大意是说，我为千家万户遭到涂炭而伤心，如今没有炊烟，只有战乱的野烟升起，百官什么时候才能重新朝拜真正的大唐天子？秋天的槐花飘落在空荡荡的皇宫废墟里，贼人却在凝碧池上演奏音乐！他的好友裴迪把这首诗传到唐肃宗耳里，等到唐军收复两都，大多数伪官都被杀或贬谪了，王维却安然无恙，甚至最后还做到了尚书右丞，一个很重要的原因就在于写了这首"表忠心"的诗。

如果王维真的能像他说的那样，"世事浮云何足问，不如高卧且加餐"，把俗世抛在脑后，吃斋念佛，忘怀得失；或者，就真的做个为大唐建设做贡献的人也行。可他偏偏两样都没做好。

被唐肃宗宽宥并恢复官职后，按道理来说，他会很感激的，并多少会积极地将功赎罪，可他还是"悠然策藜杖，归向桃花源"，除了写几首歌功颂德的诗歌，并没有表现出太多报效祖国的决心和行为。

他甚至一度陷入了身份错乱中，一会儿说自己"安知广成子，不是老夫身"，把自己看作仙人，一会儿又说自己"宿世谬词客，前生应画师"，把自己上辈子都看透了，却就是看不透此生此世，岂不可悲？

苏轼后来评价王维说："味摩诘之诗，诗中有画；观摩诘之画，画中有诗。"我们一般把这段话当作褒义来看，实际上正体现出王维莫衷一是的矛盾心态。他既不敢在诗中明说自己的想法，尤其是对敏感问题的看法，所以只是描绘画面，比如贬谪济州时，他写了《登河北城楼作》，中间四联写景如画，就是不表达自己的真实想法，省去多少口舌，又可作多种解释；他又不愿意在画面中毫无寄托，于是把诗的想法融入画中。他在《李陵咏》中对李陵的同情，为他后来投降安禄山埋下伏笔，他在《息夫人》诗中写的"不共楚王言"又使他在一定程度上守住了底线。

就我们正常的认知而言，既然王维自己也承认"唯有学无生"，一切（包括生命）都是虚幻的，那么被授予伪官的时候，又为什么要惜命，而不一死了之呢？这些对今天的我们来说，都很难完全理解。

种种矛盾，归根究底，是他天资聪慧和性格脆弱之间的矛盾，而性格脆弱源自他尚未成年就背井离乡，来到长安独自漂泊，无法养成独立的品格，反而把小时候的呆萌、偏执保留下来，直到晚年。

而我们对他这种吹毛求疵的行为，用现在的心理学知识来看，是一种 cute aggression（萌系侵略冲动），也就是面对可爱的事物时总想捏一捏、咬一口、喷一下的破坏冲动，这是为了避免我们被萌死的一种自我保护。

试想，面对王维"涧户寂无人，纷纷开且落""行到水穷处，坐看云起时"之类的杰作，我们的审美还有抵抗力吗？

那我们出于对"萌神"的尊重，象征性地反抗一下，捏他一把，大约也没有错吧。

李白：连眼泪都觉得自由

李白这个人，爱自由胜过爱自己。如果是他束缚自己，他连自己也要抛弃。他去采仙草，炼仙丹，寻仙人，就是想要抛弃自己的肉体凡胎，获得更大的精神自由。

我们只知道李白仰慕纵横权谋之士，殊不知他清醒的时候，最仰慕孔子。

翻开他的诗集，第一首就以孔子自比，他说诗歌发展到唐代，群星璀璨，而他虽然没有直接把自己比作夜空中最亮的那颗星，却野心更大，表示自己要像孔子删诗那样，来整理唐诗，传之千秋：

我志在删述，垂辉映千春。

希圣如有立，绝笔于获麟。

他的绝笔诗《临终歌》，更是把孔子引为知己。诗中说自己也曾像大鹏一样怒飞冲天，得到唐玄宗的青睐，可惜半途而废，"赐金放还"，心灰意冷，想要成仙，又没求成，最后话锋一转说："后人得之传此，仲尼亡兮谁为出涕？"他忧心忡忡，怕后人不理解自己，以为自己就是个酒鬼。只有孔子才能理解他，可是孔子比他早死，谁还会为他哭泣？

言外之意，他跟孔子是跨越时代的知心好兄弟。

孔子崇尚周公，李白就把自己的大儿子取名为伯禽，伯禽是周公的大儿子，把鲁国治理成礼仪之邦。李白可能未必想要自比周公，但由此也可明白，他对孔子感兴趣，并非心血来潮。

李白清醒的时候如此钟意孔子，对儒家的两大圣人周公和孔子青睐有加，其热烈程度丝毫不亚于杜甫对他的崇拜。可惜造化弄人，李白对杜甫说忘就忘，后人也没有把他跟孔子连在一起，倒是杜甫却被后世尊称为诗圣，成为诗歌领域的孔圣人——这本是李白梦寐以求的啊。

但是梦想跟自由相比算什么，他李白还是要自由，于是诗中一再出现"我本楚狂人，凤歌笑孔丘"之类的诗句，孔丘就是孔子。比起成为孔子这样别人家的小孩，李白觉得还是成为我自己更自由，更尽兴。

对"天不生仲尼，万古如长夜"的孔圣人尚且如此，其他阻碍李白奔向自由之路的人，自然不在话下。苏东坡就曾在《李太白碑阴记》中夸赞李白"气盖天下"，不把任何人放在眼里。我们耳熟能详的，李白让杨贵妃捧砚，让高力士脱靴，都是他"安能摧眉折腰事权贵，使我不得开心颜"的具体表现，说明他的诗歌并非吹牛。

关键是帝王他也不放在眼里，著名的《乌栖曲》就是讽刺跟吴王一样的唐玄宗。吴王起初战胜勾践，意气风发，却跟西施玩乐误国，最终被反杀。这与唐玄宗早年励精图治，晚期宠爱杨贵妃，耽乐迷途，如出一辙。

古人出于忠君的局限，无法真正理解李白这一点，千方百计为李白追随永王李璘之事辩解。从忠君角度来说，永王李璘不听唐肃宗之言就是叛逆，那么李白也就同样是叛臣。殊不知，李白眼中根本就没有至高无上的权威，何来忠君叛君之别？

李白的自由追求，不仅体现在摧毁一切阻碍其自由的障碍上，更是自然地融入到他率性而为的生活之中。

童年的李白出生于西域，五岁才迁到四川江油。虽然他未必像陈寅恪先生所怀疑的那样，就是一个白种人，但肯定是深受西域文化影响的汉人。他给大女儿取名平阳——歌姬舞女的代名词——就跟汉文化很不同。李白早年受到的教育，是"五岁诵六甲，十岁观百家"，"十五观奇书，作赋凌相如"，学的是干支历法、诸子百家和奇书，而不是正统的儒家经典。这对培养他自由的性格很有帮助。

李白还会外文，刘全白《唐故翰林学士李君碣记》就说，天宝初年，李白为朝廷写过《和番书》，李白自己也在《寄远十二首》其十中说："鲁缟如玉霜，笔题月氏书。"说明他会写月氏国的文字。这就使李白学习的对象变得更多，学习的视野更开阔，学习的方法更自由。

赵蕤是李白一个非常重要的老师，李白刚出四川，不太顺利，想起的人就是他。他主攻纵横之术，在《长短经序》中表达出"随时设教""因物成务"的与时俱进、随机应变的思想，对李白影响比较大。

当时李唐王室崇尚道教，出现依靠隐居获得官位的终南捷径，李白便果断选择走这条路，就是对社会形势的深切洞察。后来在道友们的帮助下，李白通过玉真公主接触到唐玄宗，并一举成为翰林供奉。李白本来就很自信，这下更让他信心百倍，尽管后来因为小人谗言而失去唐玄宗欢心，却非他个人之错误，对他的信心并无打击，他在离开长安后，跟好友崔宗之坐船来南京，一路上穿着皇家所用宫锦袍，"旁若无人"，依旧是自信爆棚。

这种自信，是他追求自由的底色。

在婚姻家庭生活方面，李白也尽显自由本色。据李白的头号大粉丝魏颢的《李翰林集序》来看，李白一生最少有过四次婚姻，分别为许氏、刘氏、鲁地妇人和宗氏。在这四位伴侣中，有贵为宰相后代的女子（许氏、宗氏），有贫贱不知名的鲁地妇女；有的是李白入赘进去的，有的是跟李白同居的，更重要的是，李白还离过婚。

这种种迹象都显示出，李白在婚姻方面比较自由，他的观念跟同时代人差别很大，跟我们当代人更接近一些。戴建业老师说："他老人家一辈子，哪怕个人生活也是丰富多彩的。"就是指李白的婚姻生活。

这样一看，似乎李白不太负责，伤害过很多女子，这真是莫大的误会。据章培恒《被妻子所抛弃的诗人——〈南陵别儿童入京〉与李白的婚姻生活》来看，李白第一次婚姻并不幸福，许氏虽贵为宰相之后，却并没有给倒插门的李白多少好脸色，两人的婚姻只维持了两三年的甜蜜，李白便受不了许氏对他吃软饭的嘲讽，而四处奔波求职了。

为此，李白第一次入长安漫游，虽然是"会稽愚妇轻买臣，余亦辞家西入秦"，对目光短浅的许氏极尽讽刺，可见夫妻情感破裂之深，但李白并没有因此打击而变消沉，依旧情绪高昂地说："仰天大笑出门去，我辈岂是蓬蒿人！"

第一次游长安未果，李白便带着儿女去山东一带，决意远离充满负能量的许氏，而与富裕的刘氏同居。因为并非正式婚配，李白与刘氏、鲁地妇人都是好聚好散，给她们写过情深意切的诗歌，离开时也大大方方。这有点类似自由恋爱了，彼此没有什么伤害。

娶最后一任妻子宗氏的时候，李白已经过二入长安、赐金放还的人生起伏。这个宗氏是宰相宗楚客的孙女，宗楚客因罪被杀，宗氏是罪人之后，二人经历接近，情投意合。李白给她写了《秋浦赠内》等诗。李白被永王李璘牵连入狱时，也是宗氏为他奔走解救，可谓患难夫妻，相伴至死。

李白虽在婚姻生活上走过一些弯路，最后却获得幸福。我们不一定要赞同他，但他追寻幸福的自由，我们也不能像王安石那样，用一句"十句九句言妇人、酒耳"就打发了。

在结交朋友方面，李白更是率性。他的朋友中，有各种官员、僧道，也有"饮中八仙"那样的名士，更有名不见经传的平民，像脍炙人口的《赠汪伦》：

李白乘舟将欲行，忽闻岸上踏歌声。

桃花潭水深千尺，不及汪伦送我情。

二人互相直呼其名，彼此之间的感情，已非世俗之礼所能束缚，是朋友间最好的状态。

在扬州，李白曾散尽千金结交朋友，却所获寥寥。他在初入长安时，受到冷落，也不愿就此罢手，写诗骂那些忘恩负义的旧雨新知："故友不相恤，新交宁见矜？"老朋友也不周济李白，新朋友就更不会同情了。李白就像笼子里的老虎，被绳子拴住的老鹰，什么时候能够挣脱束缚，施展才能？

这些假朋友还是幸运的，只是被李白用诗讽刺，而不是被李白用剑刺杀。李白自云"十五好剑术"，在《赠从兄襄阳少府皓》诗中说自己"托身白刃里，杀人红尘中"，《侠客行》更是说"十步杀一人，千里不留行"。

是不是李白写诗夸大呢？魏颢《李翰林集序》就承认他曾

"少任侠，手刃数人"，亲手杀过几个人。从他"仗剑去国"、五十多岁还想参加李光弼的军队来看，恐非虚言。

剑能伸张正义，也可高蹈出世，因此李白刚出四川，隐居寿山，就想"倚剑天外，挂弓扶桑"，因为他觉得自己爱好自由，不愿受世俗束缚，用他自己的话来说就是"不屈己，不干人"，也许不干谒拜访别人他没做到，但"不屈己"却是他一生的生动写照。

因为李白心有理想，所以他把实现理想作为获取精神自由的一个重要途径，即功成身退。他在《代寿山答孟少府移文书》中说：

> 俄而李公仰天长吁，谓其友人曰：吾未可去也。吾与尔达则兼济天下，穷则独善一身。安能餐君紫霞，荫君青松，乘君鸾鹤，驾君虬龙，一朝飞腾，为方丈、蓬莱之人耳，此则未可也。乃相与卷其丹书，匣其瑶琴，申管、晏之谈，谋帝王之术。奋其智能，愿为辅弼，使寰区大定，海县清一。事君之道成，荣亲之义毕，然后与陶朱、留侯，浮五湖，戏沧洲，不足为难矣。即仆林下之所隐容，岂不大哉？必能资其

聪明，辅以正气，借之以物色，发之以文章，虽烟花
中贫，没齿无恨。

本来可以安定修行，却因想要使国家清明，而不得不暂
时放下个人幸福，奔走漫游，寻找机会。最终的结果，我们
都已知道，李白并没有实现理想，大唐也经过安史之乱，由
盛转衰。可是我们还是看到一个热爱自由胜过热爱自己的李
白，就在于他通过诗歌获得了精神自由。

李白会写格律诗，写得还不错，但更喜欢写自由度大一
些的古体诗。我们所知道的名篇，如《蜀道难》《梦游天姥吟
留别》《行路难》等，便是其中的代表作。

贺知章读到《蜀道难》，惊叹李白是谪仙人，说李白是天
仙下凡。李白诗歌的仙气，实在也是因为现实的枷锁太多所
致。"蜀道之难，难于上青天"，蜀道象征着世路的艰险，上
青天则是羽化成仙之事，成仙居然比世路简单！

李白自己也知道成仙之虚妄，所以说"海客谈瀛洲，烟涛
微茫信难求"。那为什么还要求仙？就因为李白所求之仙，是
个体的精神自由，也就是庄子所提倡的逍遥游，这与其说是
自欺欺人的做法，不如看作是自我境界提升的过程。

求仙是自身可以掌控的修行，而现实则有诸多不可控因素，尤其对诗人而言更是难以把握，比较而言，自然是世路难于上青天。

世路艰难，是因为李白太糊涂吗？很多人可能误会了他。杜甫也问他"痛饮狂歌空度日，飞扬跋扈为谁雄"？你这么嚣张，至于吗？把大好年华白白浪费。这是因为杜甫当时还年轻，不知道大唐王朝内部的危机之深。以李白写《清平调》惹得杨贵妃"笑领歌词"、唐玄宗从此待他更不同常人的功力来看，李白的洞察力不是一般地厉害，如今又身处宫廷之中一年半，怎会察觉不到大唐盛世之下的重重危机？

只是李白找不到解决的办法，哪怕他"十月到幽州"，深入虎穴探看安禄山招兵买马的情况，也只能写出"君王弃北海，扫地借长鲸"的诗句，除了自己跑到黄金台上痛哭一番，根本无力回天。

李白在诗中说："我本不弃世，世人自弃我。"他原本想成为诗歌领域的孔圣人，最后却成为一口喷出半个盛唐的诗仙，用他那闪着光芒、带着醉意的眼神，看透了盛世繁华，留下了太多遗憾，却也由此获得真正的精神自由，永远腾飞在我们的灵魂之上。

高适：内斗大赢家

744 年的秋天来得有点早，"四时何倏忽，六月鸣秋蜩"，不过天气并没有突然寒冷，秋老虎来势汹汹。对李白来说，他的秋天早在三个月前就来了，一心想要使"寰区大定，海县清一"的政治愿望，随着唐玄宗的赐金放还而宣告结束。本来以为这就是人生的最低谷了，但他在商丘结识的好友高适，将会给他带来更多的"惊喜"。

他们一起游览当地的名胜，不亦乐乎，后来杜甫也加入，是一次难得的诗酒盛会。多年以后，杜甫还深情地回忆当时的激情：

忆与高李辈，论交入酒垆。

两公壮藻思，得我色敷腴。

那开怀畅饮的欢乐时光，应该是李白买单居多，唐玄宗送给他的遣散费，他又不会存起来，何况他又相信“千金散尽还复来”。高适虽然几进长安，仍旧颗粒无收，写出“群贤久相邀”的诗句，大约是囊中羞涩，怕自己没钱回请，所以别人请很久才来。

遣散费让李白虽然政治上灰头土脸，生活上却有滋有味。高适应该也沾了不少光，那时他已写出《燕歌行》等边塞名诗，不过他的名气似乎在跟李白等人游玩之后才达到高峰，以至于不少史书误传他是五十岁才开始写诗，这固然是错的，但如果从五十岁左右才诗名大著的角度来看，应该有一定的道理。

跟李白一起游玩不仅可以混吃混喝，还能流传名声，高适应该是心存感激的。一次别离中，高适好心写诗劝李白收敛一点：

李侯怀英雄，肮脏乃天资。

方寸且无间，衣冠当在斯。

高适认为，如果李白不因酒醉而扰乱方寸，得罪权贵，肯定能获得高官，不会这样落魄放还。这与杜甫劝李白"飞扬跋扈为谁雄"一样，都是对朋友的规劝，所不同的是，高适还含有对李白浪费大好机会的惋惜，隐隐中显示出与李白不同的志向，这一点会在关键时刻爆发。

与李白、杜甫等人交往几年后，高适已经四十九岁，日益增大的诗名为他带来了第一个贵人——张九龄的弟弟张九皋，其时正担任睢阳太守，很欣赏他，推荐他考取有道科，担任封丘县尉。

高适很想抓住这次机会，但他努力了几年，似乎并没有用。有一次他给范阳节度使安禄山送兵，当时安禄山正在跟契丹打仗，急需补充兵员，高适虽然冒着天寒地冻、风尘仆仆完成任务，却并没有受到奖掖，"长剑独归来"，感叹"微禄果徒劳"。

最能表现高适辞职心情的是这首诗：

我本渔樵孟诸野，一生自是悠悠者。

乍可狂歌草泽中，宁堪作吏风尘下。

只言小邑无所为，公门百事皆有期。

拜迎官长心欲碎，鞭挞黎庶令人悲。

归来向家问妻子，举家尽笑今如此。

生事应须南亩田，世情付与东流水。

梦想旧山安在哉，为衔君命且迟回。

乃知梅福徒为尔，转忆陶潜归去来。

本来高适以为县尉没啥事，担任之后才知道长官不好服侍，不仅杂事多，还要去鞭笞老百姓，让他苦不堪言。想念起当年跟李白、杜甫他们在草野中"狂歌"的美好时光，准备像陶渊明那样挂冠而去。

五十二岁那年，高适真的辞了县尉，跑到长安，跟王维、杜甫等人同游。

这里有个问题，高适是真想辞官隐居，还是觉得县尉太小不愿干？从他后面被哥舒翰推荐为掌书记可知，他不是真的想隐居，而是做县尉看不见上升的空间，毕竟他已经五十多岁了，如果要上进，就得抓紧时间。果然，高适虽然嘴里唱着"我本江海游，誓将心利逃。一朝感推荐，万里从英旄"，但实际是迫不及待地跟着哥舒翰去河西了。

当时唐玄宗想要征服吐蕃，王忠嗣觉得没有必要穷兵黩武，虚耗国力，唐玄宗就扶正他的手下哥舒翰。哥舒翰不负所望，打下了石堡城，只不过代价太大，唐军伤亡惨重。李白写有"君不能学哥舒，横行青海夜带刀，西屠石堡取紫袍"来讽刺，杜甫更是直接在送别高适的时候请他劝劝哥舒翰："请公问主将，焉用穷荒为？"把吐蕃的穷荒之地打下来又有什么用呢？竟然因此牺牲我大唐好男儿，太不值得。

但是高适都没有理睬，他深知这是唐玄宗、杨国忠希望哥舒翰做的。相反，他一心一意跟着哥舒翰干，写了大量的颂扬诗篇，什么"大将何英灵"之类的，读来令人作呕。杨国忠发动入侵南诏的战争，唐军损兵折将，高适也写诗歌颂！这种行为也换来了回报，高适终于成功打入最高权力圈子，往日诗友则日渐淡出他的视野，杜甫说他"不寄一行书"是可信的，因为他甚至都不怎么写诗了，而把时间和精力用在做官上。

755 年十一月，安禄山的部队加上奚、契丹等共十五万兵力，在范阳起兵造反。李隆基准备亲征，后来打消这个念头。十二月，安禄山攻下洛阳，李隆基任命哥舒翰为兵马副元帅镇守潼关，保卫长安，高适被提拔为监察御史，帮助哥舒翰一起应对安史叛军。

起初，哥舒翰挫败了安庆绪的几次进攻，守住了潼关。安史之乱的导火索杨国忠本来跟哥舒翰是同一阵营的，他们的死对头是安禄山，如今安禄山已成叛军，他就把矛头对准了哥舒翰。这个不难理解，哥舒翰手握重兵，如果御敌有功，杨国忠的位子自然保不住，他就给李隆基出馊主意，让哥舒翰主动进攻。

哥舒翰贪恋美色，把身子掏空了，这时得了风疾，行动不便，判断力也受影响，但没办法，只好硬着头皮领兵出关，结果大败，哥舒翰也被手下抓去献给安禄山了。

潼关一破，长安难守，李隆基从延秋门逃走，不久发生马嵬坡之变，杨国忠、杨贵妃先后被杀，李隆基的儿子李亨自立为帝，李隆基变成上皇天帝了。虽然李隆基承认了唐肃宗李亨的皇帝之位，但他们的斗争却因此展开，只不过大敌当前，不能过于明显罢了。

高适比王维幸运，他及时逃出长安，赶到李隆基身边汇报工作，他对李隆基是这样说潼关之败的："哥舒将军忠君报国，我很早就知道，但是他近来生病，力不从心。监军的太监跟将士们一起荒淫无度，一点儿也不懂打仗，战士们则站在大太阳底下，饭也吃不饱，怎么可能奋力作战？可是杨国忠一定要把监军派过来，我跟他争了很久，都不听，导致陛下来到四川，这不是您的问题，请您不要自责。"

高适的话是典型的避重就轻，他把哥舒翰、杨国忠拿来做替罪羊，为李隆基的昏聩找借口，难怪李隆基听了大为赞许，赶紧给他升官。

李隆基还是太低估高适的应变能力了，以为给他升官就能拉拢他，不知道他的目光非常远。当宰相房琯想要分封诸王、守卫江山时，高适就竭力反对。但分封诸王有利于李隆基，因为诸王可以牵制李亨，所以李隆基采纳了房琯的策略，让永王李璘去江南造船，想要从扬州沿海北上，来个渤海登陆，直捣安史叛军老巢。

李璘在东下的路上，顺便把李白请了出来，李白很高兴，以为自己终于等到机会了，想要"为君谈笑静胡沙"。后来房琯被派到李亨身边，由于指挥战事失误，被李亨罢免了宰相，杜甫竭力为房琯说情，一起被贬。

而高适不同，他很快就跟李亨结为阵营，原因很简单，李亨知道他不同意分封诸王的策略，是自己一队的。

高适深知李亨的私心，做了两件事。第一件事是告诉李亨江南很重要，如果李璘据为己有，将会对李亨极为不利，以坚定他兄弟相残的决心；第二件事是让他不要担心，一旦李璘"叛逆"，有的是办法把他打败。

李亨听了很高兴，升他为御史大夫、淮南节度使，跟其他将领一起讨伐李璘。

李璘原来接到的命令是集中力量对安史叛军的老巢搞个"突然袭击"，不想自己被哥哥突袭了。在高适的帮助下，李亨下了盘大棋。第一招，让自己人羞辱李璘。李璘果然很生气，吵吵嚷嚷，显得好像是李璘不受节制，拥兵自重，萌生造反之心。

第二招，在坐实李璘叛逆的基础上，偷偷搞小动作，写信给他的下属，让他们不要起哄，坦白从宽，导致李璘的军队分崩离析。

第三招，对李璘赶尽杀绝，穷追不舍。即便李隆基对李亨说要顾念手足骨肉之情，李亨也毫不客气，成功扑杀李璘，人一死，历史就是胜利者书写的样子了。

以上三招，都是内斗中的惯用伎俩，但它能发挥多大的作用，还需要看对手是不是真的造反。如果李璘铁了心反叛，这些招数的效果就要大打折扣，因为一个要造反的人怎么可能毫无反抗之力呢？也不可能不做准备。

事实证明，李璘没几个月就被杀了，所以被冤枉的可能性很大。

而李璘的被害，也预示着李隆基彻底失败了。他们都是权力的争夺者，有输有赢很正常，没什么好惊讶的。而高适能够获胜，我们应该对他的"王霸大略"表示赞许。

　　但是这起冤案涉及李白，性质就变了。

　　李白本想奋勇杀敌，却莫名其妙卷入李隆基、李亨和李璘的父子兄弟内斗中，留下千古叛逆的声名，使他晚年惨遭牢狱之灾，凄凉寂寞，真是找谁说去！如果一定要找一个人去说，那恐怕就是高适了。

　　高适在瓦解李璘部下的时候，凭着李白跟他的交情，难道不应该通一通声气吗？或者，就算没有交情，秉公处理，也该给他机会改过自新呀，然而并没有。原因也不难理解，李白如此单纯，如果提前得知这个消息，很难保证他不会跟李璘说。

　　直到李白被抓进监狱，他还单纯地写诗向高适求救，诗中说："我无燕霜感，玉石俱烧焚。""燕霜"句用了典故，据说邹衍对燕惠王很忠诚，却因小人之言而被抓，他仰天大哭，五月的夏天竟然下起了霜，后来就引申为冤情。

　　李白向高适寻求帮助，不忘夸他"高公镇淮海，谈笑却妖氛"，但玉石俱焚的比喻，说明李白只是关注到了自己的无辜，还没意识到李璘被杀是一场内斗，也就没有看透高适的真面目。果然，高适并没伸以援手。

但李白也不傻，他在诗中说留侯张良是"酒酣舞长剑，仓卒解汉纷"，隐隐约约涉及张良鸿门宴的功业，但是点到为止。表面来看，李白写诗送张秀才，用张良的典故很自然，实际上我们沿着李白诗中的线索进一步思考，就会明白张良建立功业的基础，是提前从项伯那里得知项羽的计谋，否则一切无从谈起。而高适却在图谋李璘时，没给李白透露一点风声，甚至连暗示都没有。

大快人心的是，高适镇压李璘之后，自己也被李辅国排挤，后来去四川担任地方长官。其间也没有什么建树，甚至连防御吐蕃都没成功，倒是镇压内乱的时候发挥了作用，显示出高适内斗的真正实力。

四川任职期间，高适跟杜甫重修旧好，给了他一些物质上的帮助。但是因为杜甫被视作房琯一派，高适始终没有举荐他。

就这样，高适靠着内斗的手腕，最后做到散骑常侍，封为渤海县侯，被誉为"有唐以来，诗人之达者，唯适而已"，也就是大唐诗人中官职最高的人。这种赞誉，在明白了高适的手腕之后来看，倒像是对他的批评，因为从高适所有似是而非的功绩来看，也就是守卫李亨有功罢了。

　　不管怎么说，高适的诗歌倒是写得很悲壮，他怒斥太监监军弊端的话，很容易让我们联想到"战士军前半死生，美人帐下犹歌舞"，这句诗足以使他不朽。难怪他死后，杜甫只是评价他的"独步诗名在"，而对于他安史之乱中所谓的"功绩"则保持了沉默，一言不发。

杜甫：“京漂”先驱

大唐的京城长安，是当时世界上最繁华的城市，活跃着一批又一批“京漂”才子。杜甫就是其中之一，他早年怀着经国之志，来长安参加科举考试，成为“京漂”一员，这时态度积极，满怀豪情，“会当凌绝顶，一览众山小”。

然而，直到四十岁以后，杜甫还在长安漂泊，生活和心情都每况愈下了，他在《进封西岳赋表》中说自己“困于衣食，盖长安一匹夫耳”。“京漂”生活困顿不堪，甚至濒临饿死，他在《进雕赋表》说：

臣衣不盖体，尝寄食于人，奔走不暇，只恐转死沟壑。

在这期间，杜甫跟高适一样，做了很多违心的事情。他颂扬李隆基就不说了，还颂扬杨国忠、杨国忠的亲信鲜于仲通等人，甚至把杨国忠的死对头李林甫搬出来，说自己"破胆遭前政"，被李林甫害得没法获得一官半职，以期获得杨国忠的青睐。

可是杜甫的堂弟杜位又是李林甫的女婿，李林甫死后，杜位受到牵连，流放南方，杨国忠怎么可能任用他的堂哥杜甫呢？

杜甫在李林甫那里没讨到便宜，杨国忠这里也一样，真是左右为难。

以杨国忠的性格，也不会喜欢杜甫。杨国忠这个人很会说话，靠杨贵妃登上权力顶峰，又跟杨贵妃的姐姐虢国夫人通奸，做事大胆，"不拘一格"。比如说，唐代选官是很慎重的，他却把杨贵妃的姐姐们请到门后观看，把选官搞得跟选秀一样，逗得她们哈哈大笑。

杨国忠把宅邸盖在虢国夫人住宅旁边，方便他们约会。有时两人一起骑马在大街上飞奔，毫不避人耳目，进宫去见李隆基，惹得整个长安城都沸腾了。这在今天看来是"红尘作伴"，活得潇潇洒洒，但前提是带着自己的老婆，他这带着情妇算啥。

杨国忠这种追求"极乐"的想法，源于他对自己罪孽的深刻认知，他让鲜于仲通攻打南诏国，让几十万大唐军人去送死，由此一事，可知其余，至于他到底罪孽有多深重，恐怕只有他自己最清楚。

有一次，杨国忠叹息说："真不知道我会是什么下场，不如及时行乐吧。"

杜甫来拍杨国忠的马屁，看来有些病急乱投医了。

不过，杜甫跟高适不同的地方在于，当他认清杨国忠的真面目后，就写诗加以讽刺，无所顾忌。比如《丽人行》，就讽刺了杨国忠的"炙手可热"和淫靡生活。但高适的从军生活毕竟给杜甫带来了一线希望，尤其是他走投无路的时候，也动了参军的念头，为此还特意写了一首《投赠哥舒开府翰二十韵》的诗，托田梁丘返回边塞时带给哥舒翰。

值得注意的是，哥舒翰也被杜甫批评过，他有"慎勿学哥舒"的诗句，但眼下活命要紧，就不管其他，先把哥舒翰视作救命稻草，忍气吞声，以求汲引。

哥舒翰跟杨国忠不太一样，他确实爱才，也喜欢提拔人才，高适之外，严武、王思礼等人都是他提拔的，杜甫的如意算盘打得不错。可惜人算不如天算，杜甫投赠的诗歌没写多久，哥舒翰就中风了，从边疆回到长安，杜甫的从军计划也就随之落空。

"京漂"的更大考验还在酝酿。

天宝十二载（753）秋天以来，长安连雨不止，造成很大灾害，农民颗粒无收。李隆基担忧百姓，杨国忠为了掩人耳目，特意挑了比较好的稻穗拿给他看，说没事儿。李隆基虽然晚年好色，但毕竟不是傻子，何况下不下雨，皇宫里也知道，瞒不住。

不过李隆基的做法有点儿绝，他认为这是宰相不称职导致的，就把替罪羊陈希烈给免职了，不仅没有惩罚杨国忠，反而让杨国忠来挑选端正之士担任宰相。

杨国忠看见韦见素比较方雅柔弱，便于钳制，就推荐了他。这个韦见素是李隆基担任相王时候的老部下，李隆基也就同意了。杜甫又看见了希望，第二年春天写了《上韦左相二十韵》，夸赞李隆基英明，夸赞韦见素贤能，夸到最后，不忘让他顺便举荐一下自己。

杜甫想得太天真，韦见素是杨国忠推荐的，怎么可能跟杨国忠唱反调呢？

杜甫之所以如此"褊急",想要快点做官,不顾对象地干谒,跟他把家人从东都接到长安有关。原来他一个人"京漂",就算"残羹与冷炙,到处潜悲辛"也能接受,现在不一样,挨饿的可是一家人。

那为什么还要把家人迁过来受苦呢?主要原因是杜甫这时已经心灰意冷,觉得做官无望,打算贫贱终老,他在长安城南的下杜城有些田地,就想跟家人一起搬到那里,好歹团团圆圆。他在诗中说:

自断此生休问天,杜曲幸有桑麻田,故将移住南山边。短衣匹马随李广,看射猛虎终残年。

杜甫以为下杜城有几亩薄田就可以安生了,就在天宝十三载(754)的春天,把妻子杨氏和儿女接到长安,安顿下来,好歹省去了分居两地的车票钱。

杜甫还天真地想,只要断了做官的念头,安于贫贱,就可以在南山像李广那样射猛虎呢。这个想法还是太单纯,他还不知道,真正的猛虎就是他想投靠的乡亲们。因为离开很久,杜甫这时回到下杜城,会引发很多矛盾。他在诗中说:

乡里儿童项领成，朝廷故旧礼数绝。

自然弃掷与时异，况乃疏顽临事拙。

饥卧动即向一旬，敝裘何曾联百结。

君不见空墙日色晚，此老无声泪垂血。

本来以为下杜城的父老会给自己庇护，不想乡里的无赖子弟却来欺负杜甫一家，杜甫又没有跑出功名，只好忍气吞声，写诗向朋友求救。诗中说家人动不动就饿十天，衣服破得全是补丁。杜甫又饥又累，心头滴血，为自己不成熟的决定懊悔。

无赖子弟是这样欺负杜甫，那么族孙呢？似乎也没给他好脸色。

杜甫有个晚辈亲戚叫杜济，有一次杜甫骑驴不知道投奔谁，就往族孙这边来。杜济见了他，没有礼貌，淘米做饭的时候动作粗鲁，把井水都搞浑了，去菜园里割蔬菜，也是乱糟糟，把菜地搞得不像样。杜甫想跟他说几句，他也不搭理，走得飞快。

实在没辙，杜甫只好喊道："我来是联络宗族感情，不是蹭饭吃，你不要听嚼舌根的人乱说我，我们都姓杜，不要彼此猜忌。"

怪不得杜济那么气呼呼地做事，原来是怕杜甫来蹭饭，杜甫说明了来意，恐怕也没留下吃饭就走了，但心却更凉了。杜济后来可能接受了杜甫的教诲，因此做上了高官。

乡党后生和亲族的改变，在一定程度上反映出长安风俗的变化，但不管怎么说，还是有好人的。杜甫很幸运，有一次遇见王倚，王倚见杜甫脸色蜡黄，走路打颤，问他怎么了，杜甫说自己本来就体弱，现在又生病，就这样了。王倚二话不说，就去打了欠条，买来好米，让妻子亲自下厨做饭做菜，摆上精美糕点，让杜甫好吃好喝。

杜甫吃饱喝足，就像返老还童一般，在诗中感谢王倚的义举，末尾不无辛酸地说："但使残年饱吃饭，只愿无事常相见。"别说什么"致君尧舜上，再使风俗淳"的远大理想了，如今杜甫的愿望只是想吃口饱饭，一家人的生活何其艰难，可想而知。

因为雨灾，朝廷限量供应减价米，杜甫迫于生计，只能"日籴太仓五升米"，每天跟饥民一起排队买米，没有吃上皇粮，反而吃起了救济粮。

长安一带的秋涝让"京漂"生活更艰难了。前面已经提过，那几年旱涝连连，只不过杜甫一家搬到下杜城这年的秋天最过分，居然一连下了六十多天的秋雨，杜甫在诗中说：

一饭四五起，凭轩心力穷。

嘉蔬没混浊，时菊碎榛丛。

还没吃完一顿饭的工夫，就在家里换了四五个地方，因为到处都在漏雨。长安更是变成一片水城，蔬菜都淹没在滔滔洪水中，难怪杜济洗个菜，井水也能浑，除了心中有气，也是因为洪水没退尽。

杜甫还写了一首《九日寄岑参》诗，说最近门里门外都是不停歇的雨，杜甫一家困在家里，连早晚都分不清，因为一直都是乌云密布。杜甫不由得想到，我们这些贵族子弟尚且如此，那些平民百姓只怕更苦。杜甫甚至突发奇想，要把云师杀掉，这样就能雨过天晴了，否则终南山怕也要被洪水冲走了。

杜甫对平民百姓的担忧体现了他的博大胸怀，也是他对自身的忧虑。洪水持续太久，庄稼没法收割，自然会导致"城中斗米换衾绸，相许宁论两相直"，一斗米要用珍贵的绸被来换！可还不一定换得到。杜甫只能困在家中：

长安布衣谁比数，反锁衡门守环堵。

老夫不出长蓬蒿，稚子无忧走风雨。

家中一无所有，只有野草不断生长，杜甫都愁死了，他那不懂事的孩子却还在风雨中跑来跑去踩水玩。杜甫感觉到做父亲的担子，不能让孩子这么无依无靠，他跟妻子杨氏商量着，此地不宜久居。

可是搬到哪里去呢？思来想去，只能去距离长安二百四十多里的奉先县避一避，因为妻子的一位亲戚在那里当官。

果然，雨水一停，虽值秋冬，杜甫仍然带着一家大小，冒着风霜，"荒岁儿女瘦，暮途涕泗零"，迫不及待地离开没住满一年的下杜城，去投奔妻子的娘家亲戚了。

应该说，原本梦寐以求的"杜曲桑麻田"，给杜甫的打击是沉重的。他本来以为就算求官不成，无法实现济世理想，也还有退路，可现在事实告诉他，故乡回不去。认清了这一点，杜甫在奉先县安顿好家人，就再次回到长安，急着给韦见素献诗，渴求汲引。

一次不行，再来一次，杜甫丝毫不敢懈怠，到处干谒，历尽千辛万苦，终于在天宝十四载（755）十月，迎来了人生的第一个官职：河西尉。成功上岸，任何人都会喜极而泣的，但杜甫的眼界和格局毕竟跟我们普通人不同，他嫌这个从九品的县尉太小，像是在嘲讽他，就没有接受这个职位。

　　这也难怪，"京漂"这么多年，吃过多少苦，如今想用一个芝麻官打发他，确实有点像命运的捉弄。何况高适担任过县尉，杜甫肯定从他那里知道很多县尉的"折腰"故事，关键是，县尉没有什么上升空间，高适做了几年县尉，不还是辞职从军？杜甫不接受这个职位，看来是明智的。

　　果然，不久后朝廷改授杜甫为太子右卫率府兵曹参军，官阶为从八品，虽然只高了一点，但杜甫不得不向现实低头了，接受了任命，还不忘写诗嘲笑自己是"耽酒须微禄，狂歌托圣朝"，诗中分明是有牢骚的。

　　在太子右卫率府任职不到一个月，杜甫就开始厌烦这种"附炎趋势"的官场活动，萌生了想要辞职的念头。杜甫想家了，他放心不下瘦弱的子女，决定回家探望探望。

　　在离别漂泊了十年却无所成就的长安时，杜甫情不自禁写下一首长诗，名叫《自京赴奉先县咏怀五百字》。在这首诗中，杜甫以他"京漂"的实际感受为血肉，控诉社会的不公平，写出了最富有现实主义批判精神的名句："朱门酒肉臭，路有冻死骨！"把李隆基后期治理下千疮百孔的大唐盛世戳了个底朝天，简直比安史之乱的冲击力还大。

如果说"京漂"十余年有什么收获的话，杜甫创作的这首诗和在《进雕赋表》中提出的"沉郁顿挫"的诗学观，应该是最重要的了。杜甫在诗中预见式地表达出"恐触天柱折"的担忧，害怕大唐盛世一去不复返。大唐盛世的命运，不幸被他言中，当时安禄山已起兵反叛，只不过消息还没传到长安，没传到杜甫的耳中。

等杜甫匆匆赶回家，发现"幼子饿已卒"，他的个人悲剧与时代悲剧融合在了一起。

从此以后，杜甫虽有过短暂的从政时光，但人生的大多数时间都跟妻子家人在一起，虽然从"京漂"变成了"漂泊西南天地间"，过着更加朝不保夕的生活，但只要一家人平平安安团团圆圆，就比什么都重要。

而大唐盛世连这样普通要求也无法满足，难怪会走下坡路。

元结：孩子王

764 年，元结来到任所，担任道州（在今湖南永州一带）刺史。这时他面临着一个难题：作为朝廷的地方官，他不断收到中央发来的催租命令；作为道州百姓的父母官，道州历经战乱，民户凋敝，百姓早上吃草根，晚上啃树皮，如果再强行催租，就是逼他们去死。

元结左右为难，深思熟虑之后，他认为天子让他担任道州刺史，是为了安抚百姓，而不是助纣为虐。道州古称舂陵，境内有九嶷山，据说舜死后葬在那里，因此舂陵带有德孝之意，元结以此为根据，结合道州现状，创作了一首《舂陵行》。元结的努力没有白费，他最终安定了道州百姓，唐代宗李豫也没有为难他。

两年后，也就是 766 年，远在重庆的杜甫听说元结的壮举，并读到他的诗，大为感动，不仅写了和诗，还对元结寄予厚望，认为天下只要有十来个元结这样的人物，就不愁不重获太平。可惜不仅元结这样的人少，而且即便是元结也不长寿，他后来还担任过容州都督，曾经单枪匹马去跟当地的少数民族结盟，冰释前嫌，为容州的恢复生产立下汗马功劳。但就在他回到长安等待重用时，因病去世，只活了五十四岁。

元结的名气很早就打响了。他虽是鲜卑族后裔，却以儒生自许，在天宝十二载（753）考中进士，但他没做官就回老家了。直到安史之乱爆发，父亲让他不要坐视生灵涂炭不管，他才接受了唐肃宗的命令，招募义兵，抵抗史思明叛军，并成功保全十多个城市的百姓。

我们常说"礼失求诸野"，元结的少数民族身份，使他在思考大唐的问题时，多了一重视角，他在《颂东夷》诗中说：

始知中国人，耽此亡纯朴。

尔为外方客，何为独能觉。

通过赞美东夷音乐来批评当时繁复的大唐之声，认为大唐风气败坏的原因就在于音乐的浇薄，这是《毛诗序》的老生常谈，但元结还真的身体力行，他现存的诗歌，除了几首绝句，其他多是不拘格律、不重文采的纯朴古诗。

如果元结想通过改变风俗来扭转大唐的颓势，那他首要的任务就是以身作则，为此，他在照顾长辈、弘扬孝道的主张下，特意辞官隐居。

孩子是祖国的花朵，也是大唐的未来，元结极其重视孩子，他在诗中说：

> 人谁年八十，我已过其半。
>
> 家中孤弱子，长子未及冠。
>
> 且为儿童主，种药老溪涧。

元结哀叹自己已四十多岁，幼子还小，长子也没成年，他只能暂时成为孩子们依靠的对象，在山水之间种药衰老。

实际上元结并不仅仅关注自己的孩子，他更关心整个大唐的孩子。他在《舂陵行》中说"孤弱亦哀恨"，就是对自己未能保护好所有孤弱人士的自责，其中自然也包括孩子。

出自对孩子的重视，元结成为名副其实的孩子王。他跟孩子们一起玩耍。有时候带着自己的孩子一起乘船喝酒，"儿孙棹船抱酒瓮，醉里长歌挥钓车"，潇洒自在，无拘无束；有时候跟别人家的孩子打趣，"相伴有田父，相欢惟牧童"。

更多时候，他跟孩子们一起学习。有时候在劳动中学习，让他的外甥韦叔闲整理农具，让大儿子跟自己一起耕地，让另一个外甥韦叔静掌船，让次子跟随自己去钓鱼。有时候则直接带领孩子们学习文化知识，元结在诗中说：

今谁不务武，儒雅道将废。
岂忘二三子，日夕相勉励。

安史乱后，大家都学习武功，而荒废学业，元结呼吁大家学习儒雅之道，无疑是希望能够通过文化教育改变打打杀杀的社会局面。

因为察觉到孩子关乎未来，元结会不自觉地展现出对孩子状况的关注。

他看到沅湘一带的百姓捕鱼时把孩子放在树顶上，就很担心，还特意写进诗里（"婴孩寄树颠"）。他看见八十老翁身体还很硬朗，带着儿孙们去捡稻穗，就很羡慕，也写进诗里（"老翁八十犹能行，将领儿孙行拾稼"）。他看见留守儿童就心碎，劝其父早日回来。比如，他的好朋友孟云卿，妻子去世后留下一个儿子，孟云卿视作珍宝，但因为远行，没有带在身边，元结就写诗劝他早日归来，理由是孩子"始解随人行，不欲离君傍"，这确实是儿童心理的真实反映，难怪元结要亲自带孩子。

为了让孩子有一个较好的生长环境，元结坚决抵制对孩子的错误引导。前面说到他担任道州刺史的时候，朝廷征税，贫病交迫的百姓没有东西纳税，吏员们就让他们把子女卖掉，这是元结抗命不遵的重要原因之一，因为如果家家都卖掉子女，这些受到创伤的子女以后长大，很难为社会做出正面贡献。

这也是元结要复古的重要原因，他说：

文章道丧盖久矣，时之作者，烦杂过多，歌儿舞女，且相喜爱。

元结认为，如今的诗人，写的东西太过烦杂，让不明就里的歌儿舞女喜爱不已，实际上却是在害他们，如果要挽救这些孩子，就需要正本清源，从文章之道的角度来呼吁新的诗风、文风。元结的呼吁，直接开启半个世纪后的新乐府运动和古文运动。

元结曾自呼"漫叟"，他的天真烂漫也跟孩子契合。有一天下雪，他在家里睡不醒，忽然一个山客来拜访他，他家臭小子过来叫他，才发现老爸还在睡懒觉，惊讶极了。因为下雪嘛，孩子都迫不及待出去打雪仗，元结却更喜欢睡觉。

山客带来了一种野生菌，元结起床温酒，还特意煮了鳜鱼，两人喝着想起了另一位朋友，可是山路不好走，他们就没去邀请，元结写了一首诗《雪中怀孟武昌》来记录这件趣事。送走客人后，想必孩子又去玩雪了，元结仍旧倒头大睡。

从这首诗中不难看出，元结的烂漫与孩子的心理完全契合，拥有孟子所谓的赤子之心，大约是元结如此关注孩子的内在原因吧。

当然，元结对孩子的教育虽然抱有目的性，但前提是充分尊重他们的个性。元结对个人禀性的差异有清醒的认识，他说自己东边的邻居渔父和西边的山僧，个性都不一样，也都没法改变，那就应该让他们各自随性，否则，强行让他们都遵循同一个意思，导致的结果只能是"人意苟不同，分寸不相容"，引发纷争。由小及大，安史乱后的大唐惨状，不就是君臣猜忌、父子相残所致吗？

出于这一认识，元结主张对孩子的最大教育，就是让他们自由成长，这样才能养成真正的人性，而不用担心被扭曲，他借贫妇之口说：

所怜抱中儿，不如山下麑。

空念庭前地，化为人吏蹊。

贫妇怀中的孩子，连山下的小鹿都不如，就是因为贫妇的遭际限制了孩子的自由成长，而不能像小鹿那样自由自在了。

对孩子的重视，使元结很像鲁迅，鲁迅也呼吁"救救孩子"，他们在杂文创作上，也一样有很强的批判性，这些相同点恐怕不是偶然可以解释的。

也许，正是因为他们对现实社会感到深深的绝望，才会不约而同地把目光投到孩子身上吧，正所谓"横眉冷对千夫指，俯首甘为孺子牛"是也。

王建：宫里的风就没停过

　　要说最熟悉大唐宫闱秘密的人，肯定是太监，但在诗人之中，王建应该是最清楚宫廷秘闻的一位了，因为他的《宫词》创作素材，就是一位太监提供的。这位太监还不是普通的小太监，他可是做到枢密使的王守澄。因为两人都姓王，王守澄就称他为弟，两人常在一起谈笑，王建因此知道很多宫廷秘史，就创作《宫词》一百首。

　　后来，他们又在一起聚会喝酒，王建写了一首诗，诗中跟王守澄开了个玩笑，这也没什么，他们本来就喜欢说笑话，但这个笑话说得有点过了，王守澄怀恨在心，突然借着酒劲对王建说："老弟，你创作了那么多《宫词》，我想问你，宫廷幽深邃远，你是怎么得知这些秘闻的呢？明天一大早，我就向皇帝上奏。"

王建一看玩笑开大了，王守澄真生气了，酒醒了大半，赶紧写诗道歉，最后一句说："自是姓同亲向说，九重争得外人知？"王建耍无赖，说如果不是您告诉我这些秘闻，我能从哪里知道呢？王守澄害怕连累自己，就没敢上奏。

王建能跟太监王守澄一起喝酒，应该是在中央任职期间，他倒是担任过秘书丞之类的官，可能就是这个时候打听到了很多宫廷秘史，并创作了《宫词》，他本人也因此成为后人口中的"宫词之祖"。虽然王守澄最后没有告发他，但这组诗如此风靡一时，朝廷不会不知道，他后来被贬为陕州司马，也不知道跟这有没有关系。

对宫廷秘密的关注，王建倒是很久之前就开始了。他曾经担任过昭应县丞，抬头就能看见华清宫，自然引发他对宫廷之事的兴趣。在进行《宫词》创作之前，他也写了一些反映宫女状况的诗篇。比如，《宫人斜》就写死去的宫女被抬出来埋葬，而新进的宫女又源源不断地补充进来，揭示出宫女的悲惨命运。

能够存活下来的宫女也不见得就不惨，王建写到了两类，一类是先帝去世之后留下的宫女，她们虽然戴着凤凰钗，却已经满头乱丝，只能"独自花间扫玉阶"，没有了帝王的宠幸，晚景凄凉。另一类是成为尼姑，王建曾经送过一位宫女出家，她洗去红妆，戴上尼姑的芙蓉帽子，把以前的歌舞衣服送给众人，虽然王建勉励她修道成功后"却归人世施仙方"，重回人间，用仙方拯救世人，但可悲的是，她却连自己的命运都无法拯救。

被帝王青睐的宫女命运如何呢？王建在《白纻歌二首》中就写到这么一位幸运的舞女，她因为舞姿优美，而被吴王选来舞蹈，通宵达旦，没有消歇，备受恩宠。她即便因为醉酒东倒西歪，没有状态，把身上佩戴的头饰玉佩都掉完了，也毫无怨言，只要君王愿意，她可以昼夜不息，"年年奉君君莫弃"。

这种不顾生死的狂热，一方面说明舞女的心态已经扭曲，另一方面也告诉我们，她终将被遗弃，因为以色侍君，色衰爱弛，她这样不分昼夜透支生命，连她的健康都不可能长久，又何况美貌呢？

宫女一旦因为美貌而失宠，她所遭遇到的冷暴力，会加速她的凋谢，诚如王建所写：

长门闭定不求生，烧却头花卸却筝。

病卧玉窗秋雨下，遥闻别院送人声。

一个宫女不中用了，还有无数个青春貌美的宫女等着被宠幸，当她独自在秋雨中听见别院受宠的声音时，她肯定会想到自己的所有努力，都已付诸东流，看不见任何希望，又怎么好得起来？

王建的《宫词》，因为现存已不足一百首，它的原貌已不可知，从目前流传下来的来看，他写的时候是有顾忌的，很多地方展现出宫廷的习俗和日常生活，比较客观，没有作出太多的批判，因此很多人拿来跟唐代的宫廷历史印证。这是王建不得已的地方，他不能不夸耀皇帝的辛劳，不能不抑制自己的评价，毕竟，他要写的题材实在太敏感了。

即便如此，我们还是能够看出很多的宫廷斗争。《宫词》中有一首写宫女们通过游戏争胜负，其实就是整个宫廷生活的暗示：

分朋闲坐赌樱桃，收却投壶玉腕劳。

各把沉香双陆子，局中斗累阿谁高？

无论她们玩的是赌樱桃的把戏，还是投壶与双陆，她们最终都是要比谁更高明的。

当然，普通宫女是没有机会，也没有资本斗争的，她们要在秋夜雨中冒着路滑的危险值班，要不停地练习歌舞，比如摆出"太平万岁"的字舞，要不停地熨烤衣服，不停地服侍着皇帝和后妃们，不停地满足他们的各种要求。有时候偶尔犯个小错误，就要被赶出宫廷，比如偷吃樱桃。

对于宫女来说，最快乐的事情莫过于出门踏春或者打猎了。君王有时会让宫女们女扮男装，既英姿飒爽，又纤弱可爱。猎鹰固然很猛，可是看到可爱的兔子，君王也会挡在猎马前面，让大家不要杀生——这当然是一种作秀，因为很快，马鞍上都挂满了猎物。

因此，跟君王一起出宫并不是最好的，最好能更自由一点，哪怕下雨，哪怕不热闹，也可以接受。比如这首诗：

春风吹雨洒旗竿，得出深宫不怕寒。

夸道自家能走马，园中横过觅人看。

哪怕春雨绵绵也无妨，游玩的喜悦让她们不觉得寒冷。即便没有人看，也要找人来看，以便显示自己骑马的技术很高——要知道，贫寒子弟哪里有机会骑马呀。

出宫的幸福，是建立在还能回来的基础上的，所以哪怕玩得再晚，也要让宫里的同伴给自己留好门："今日踏青归较晚，传声留著望春门。"好不容易节假日放一天假，回去看望父母固然高兴，更高兴的是还能回宫。

如果在宫里，遇到新来的外人，跟他们打听一下外面世界的变化，也是一件令宫女们屡试不爽的快乐事情：

宫人早起笑相呼，不识阶前扫地夫。
乞与金钱争借问，外头还似此间无？

宫廷的可怕之处是，即便是没有斗争资本的宫女，也很容易被宫廷腐化，有些刚进宫廷的少女，还没来得及担忧自己如果太想家怎么办，就被宫中的魔爪紧紧抓住，而无法自拔了。那位偷樱桃而被赶出去的宫女，后来千方百计通过疏通关系重回宫中，最能说明问题。

宫廷生活充斥着各种赏赐，无论是樱桃、橘子之类的美食，还是精美的服饰、化妆品之类的奢侈品，甚至还有"洗儿钱"之类的彩头，无不显示出宫廷生活的物质性及其诱惑性。

可是，这些都是从哪里来的呢？韦应物写过一首诗，作了回答：

春罗双鸳鸯，出自寒夜女……

裁此百日功，唯将一朝舞。

舞罢复裁新，岂思劳者苦。

以舞衣为例，舞女只跳一次，就要换新的样式，而贫寒之女需要一百天的时间才能把它织出来！难怪那么多人挤破脑袋也要进宫，就算人性被扭曲也在所不惜，死也要死在宫里，因为宫外的世界比宫里残酷一百倍。

宫廷对人性的扭曲，最明显地体现在各种宫斗中。宫斗有个特点，就是它可以在任何地方发生。比如，梨园子弟和宜春院内人之间就会互相竞争，以便更好地获得皇帝的赏赐。这种歌舞之间的竞争，也在个体之间进行。甚至老师和学生之间也会不时发生。比如，音声博士教会了弟子，弟子就会忘记她，让她怨恨不已，而她也没少被欺骗：

行中第一争先舞，博士旁边亦被欺。

忽觉管弦偷破拍，急翻罗袖不教知。

"博士"就是指作为老师的音声博士。舞女舞蹈着，忽然乐工演奏错了，舞女赶紧用舞姿掩盖过去，这就把音声博士给骗了过去，无法挑刺。

各种宫斗中，以争宠最为激烈，其中最有代表性的是这一首诗：

欲迎天子看花去，下得金阶却悔行。

恐见失恩人旧院，回来忙著五弦声。

这位妃子本来想迎接皇帝去看花，走下台阶的时候却后悔了。为什么呢？因为她忽然想起来，那个跟她争宠失败的妃子，就住在前往花园的必经之路边，如果皇帝路过的时候，不小心听到那个妃子的弦声，勾起往事，她岂不等于葬送了自己？

争宠斗争的可怕，不仅仅在于把宫里所有的女人都当作自己的敌人加以防范，还在于那些源源不断从宫外进来的女子总是年轻靓丽。比如这首：

往来旧院不堪修，教近宣徽别起楼。

闻有美人新进入，六宫未见一时愁。

　　旧院住的自然是斗争的失败方，一般会直接把失宠的妃子拉走，而重新装饰一番，住进新人。但有时候出于对新人的宠爱，皇帝会新建一座楼院，这就使六宫妃子们坐不住了，她们尽管还没见到这位新人，却已经开始发起愁来。

　　受宠的宫女们，其实也不过是君王的玩物而已，你看她打扮得那么精致，佩戴各种首饰，来去就像仙女一样，可是在君王面前舞蹈的时候，还不是"一度出时抛一遍"吗？任由各种首饰装满盒子。每次都是这样化妆卸妆，如果做得好，君王就再赏赐一套首饰，如此周而复始，能得到真正的愉悦和人生的价值吗？

　　偶尔有些宫女会有意外的收获。比如，一位宫女已经把衣服首饰都送给其他人了，她打算去做尼姑，这时君王知道她会认字，就把她留下来帮君王收拾桌上的文书，这真是知识改变命运了。

　　有时候知识也在争宠中有用。比如，有个宫女在为君王准备生日礼物，她听说已经有人送给君王"凤凰衫"了，她的应对办法是"自写金花红榜子"，自己在金花纸上写折子来给君王祝寿，在她看来，这一招是比"凤凰衫"有用的，可见知识的威力。

王建同时代有一位宋若昭，她曾被召入宫中做女尚书，大家都称呼她为先生，撰写过《女论语》。当她进宫的时候，就没有被六宫排挤，而是"宫局总来为喜乐，院中新拜内尚书"，大家都很欢迎她的到来，这一方面跟她不以色侍人有关，另一方面也跟她的文化修养密切相关。王建不仅给宋若昭写过诗，还给女诗人薛涛写过一首名诗，高度赞美了她：

万里桥边女校书，枇杷花里闭门居。

扫眉才子于今少，管领春风总不如。

宫里的风从没停过，一直吹到宫女们烟消云散为止，王建对此有清醒的认识，他有一首诗，写未央宫里的风：

五更先起玉阶东，渐入千门万户中。

总向高楼吹舞袖，秋风还不及春风。

这宫廷里吹起的风，慢慢来到所有宫女的门前，诗中虽然说秋风无情，实际上春风就好吗？也一样吹得落花飘零。只不过同在不好中，春风略胜一筹罢了。

或许，宫廷里的风并不是不想停息，而是那些扇风的宫斗永无止息，如果人心能够风平浪静，又能去哪里掀起滔天巨浪呢？就像王建这首诗所说：

树头树底觅残红，一片西飞一片东。

自是桃花贪结子，错教人恨五更风。

韦应物：单亲爸爸

说起夫妻之间的深情，很多人想到的是元稹的悼亡诗，元稹的诗歌固然感人，但不久后他就再娶了。而比元稹年长半个世纪左右的韦应物，在相伴二十年的妻子元蘋去世后，却一直没有再娶，一边居无定所地做官，一边带着妻子留下的儿女，尽到单亲爸爸的责任，是名副其实的深情之人。

人们多喜欢把韦应物视作唐代的陶渊明，冲淡恬静，然而，早年的韦应物也曾绚烂至极，他"十五侍皇闱"，做过唐玄宗的带刀侍卫，并凭仗这重身份，喝酒狎妓，藏匿亡命之徒，无所不为，因为地方官员不敢抓他。多年后在《酬郑户曹骊山感怀》诗中，韦应物还深情回忆李隆基下元节（十月十五日）在骊山朝元阁举行道教仪式的盛况。

李隆基要去骊山祭祀仙灵，韦应物就为王前驱，在御道上飙车开道，直到灞亭。两边鼓声震天，旗帜飘扬，李隆基就在后面乘着八匹马拉的车驾缓缓而来。等李隆基抵达时，正好旭日东出，金色阳光照射在富丽的楼台上，年轻的韦应物仰视着大唐之主，沐浴在李隆基散发的光芒中无法自拔。文士们歌咏天下太平，五谷丰收，朝贡者络绎不绝。喧闹之声，连长安城内都能听见。

这跟杜甫的"朱门酒肉臭，路有冻死骨"不同，刚好补充了我们对大唐盛世的多维观照。当然，就像杜甫后来回忆开元盛世是"小邑犹藏万家室，稻米流脂粟米白，公私仓廪俱丰实"一样，他们所回忆的，不仅仅是那个盛世，也是他们自己流逝的青春，而对那些未经历过的人来说，开元盛世如梦似幻，韦应物说："乡村年少生乱离，见话先朝如梦中。"确实如此。

唐德宗李适废租庸调制，改行两税法，使中唐国力有所上升，被时人寄予中兴之望，韦应物就说："复睹开元日，臣愚献颂声。"在这种中兴愿望的驱动下，李适想要削藩，却引发内乱。783年泾原军哗变，拥护朱泚，唐德宗慌忙逃出长安。

听说此事后，韦应物给妻弟写了一首诗：

世事茫茫难自料，春愁黯黯独成眠。

身多疾病思田里，邑有流亡愧俸钱。

　　第一句诗感叹政局突变，第二句诗说自己没有妻子。韦应物此时于国于家都感到不满，便生出抱病回乡的念头，反正拿着俸禄也没有完成安定百姓的任务，何必尸位素餐、心中愧疚呢？这都是很真实的诗句，纪晓岚却因为诗中涉及妻子，便说是瑕疵，真是让人倒胃口，纪晓岚岂不知，在韦应物心中，妻子的分量很重吗？

　　大历十一年（776）九月，十六岁嫁给韦应物、陪伴他二十年的妻子元蘋，因为生病，在官舍中去世，时年才三十六岁。韦应物悲不自胜，只能"泣涕抚婴孩"。元蘋不仅知书达理，而且善做家务，韦应物"仕公不及私，百事委令才"，把家务事都交给她，导致的结果就是元蘋去世后家里都乱了套："一旦入闺门，四屋满尘埃。"

　　而以前元蘋活着时，韦应物绝无后顾之忧，"出门无所忧，返室亦熙熙"，每次下班都小跑着回家，现在回来，只能看见竹门掩蔽，听见"童稚悲"了，正所谓"昔出喜还家，今还独伤意"。韦应物不敢相信她真的去世了，"梦想忽如睹，惊起复徘徊"，一时间根本无法接受这个事实。

在这种悲痛的心情下，韦应物一连写了好多首伤逝诗，有时候看见不懂事的小女儿"时来庭下戏"，韦应物就情感复杂，而面对家人劝他吃饭，韦应物也只是"对案空垂泪"。由此可以看出，相比于家人，韦应物更不能接受元蘋的离去，他也因此批评自己像个多情的女子，而"顾非高世才"了。

元蘋下葬的时候，他都不敢看，只能抬头看着头顶的太阳，等到低下头时，发现元蘋已经入土完毕。韦应物想留在坟前陪她，痛苦让他迈不开脚离去，可是"童稚知所失，啼号捉我裳"，他这才不得不回家，但随着时光的推移，丧妻之痛在他心中越来越强烈，"岁月始难忘"，让他无法释怀。

很快就到了除夕，这是没有元蘋的第一个除夕，分外难过，韦应物感叹着"忽惊年复新，独恨人成故"，让他每天都备受煎熬，难以应对。他看到一棵芳树，也要写"佳人不再攀，下有往来躅"，虽然元蘋不再来攀折花枝了，但树下却留下她来去的足迹。这已经开了归有光"庭有枇杷树"的先河。

今夜月色很好，韦应物也要难过，他"坐念绮窗空，翻伤清景好"，一想到元蘋无法享受这样的月光，连美好的月色也让他伤感不已。

这样下去不是办法，为了排遣心中丧妻之痛，韦应物学会在山水中领悟至理，来抵抗心中的悲伤：

无人不昼寝，独坐山中静。

悟澹将遣虑，学空庶遗境。

他要来学佛法，以便解开心结，但事情哪有这么容易，他经常拿道理宽慰别人，一旦到自己身上，又无能为力，甚至还好几次怀疑元蘋就在"帏室"，不过慢慢地，他开始接受"复悟永终已"的现实了。只不过看见元蘋用过的纨扇，还是忍不住想念她，让我们欣喜的是，他不再只是沉迷于悲痛之中，而是别出心裁地通过纨扇以为自己被冷落了的疑问，来暗示纨扇的主人已去世。这种艺术手法的使用，已经透露出韦应物开始复苏了，果然，有一次他居家想起往事，才知道时光已过去这么久。但他并没有真的忘记元蘋，而是永远把她放在心中。

韦应物喜欢独宿，这应该不是出于呼噜声太响的顾虑，而是妻子过世后所形成的作息习惯。他在《端居感怀》诗中悼念元蘋，说自己"幽独长如此"，看来他确实做到了，而这也与他所信的佛教徒一致，"时有山僧来，悬灯独自宿"，僧人也以独眠居多。

韦应物很羡慕大家挤在一起睡觉，有一次他的三个外甥在一起对床夜话，他就写诗说："忽羡后生连榻话，独依寒灯一斋空。"羡慕他们可以睡着说悄悄话，而自己只有寒灯相伴。假如偶尔跟别人睡在一个房间，韦应物就要特意写进诗中。有一次他跟另外两个外甥夜里住在一起，激动地说：

宁知风雪夜，复此对床眠。

始话南池饮，更咏西楼篇。

他们在风雪交加的夜晚挤在一个房间过夜，又是回忆以前在滁州喝酒的事，又是朗诵当时写下的诗篇，忙得不亦乐乎，简直一点儿困意也没有。而韦应物乘兴写下这首诗似乎也在暗示我们，他们还要一起写诗呢。这种"熬夜"方式，最能体现亲情，后来苏轼好几次都加以借鉴，用来表示自己跟弟弟苏辙之间的兄弟情深，比如"对床老兄弟，夜雨鸣竹屋"。

对妻子最大的亏欠，是在她有生之年，韦应物一直居无定所，没有属于他们自己的房子。妻子过世后，韦应物更不复有营建房屋的计划，随处飘摇，做官的时候就住在官府，不做官就寄居在寺庙中，这种状态，在他自己是称作"侨居"的。

贞元元年（785）正月元日，韦应物卸任滁州太守之职，因家贫无法回乡，便写了一首《岁日寄京师诸季端武等》来说明情况，思念亲人。

原来，卸任第二天，下属就把太守专用的车马转走了，韦应物也不生气，一边喝酒，一边游玩，真是"我有一壶酒，可以慰风尘"。诗的最后，韦应物表达做官的理念是"为政无异术，当责岂望迁。终理来时装，归凿杜陵田"，他不愿当官的时候通过"异术"中饱私囊，只想履行职责，不奢望升迁，所以卸任后一无所有，只能收拾好赴任时带来的简单行装，回家乡耕田。

深谙官场冷暖的袁宏道，读这首诗带入感特别强，连读都没勇气读完，可见韦应物诗歌的平淡语言之下，蕴含的情绪是多么汹涌了。

可惜，韦应物最终没有回去，在闲居了春夏之后，秋天他就接到任命，去担任江州刺史。

次年，韦应物在出巡属县时，看见沿路的泉谷村墅，"忽念故园日，复忆骊山居"，想起了自己在骊山附近的旧居，他在那里跟元蘋结婚，并任职羽林仓曹。那时候夫妻恩爱，虽然官职卑微，却其乐融融，不知不觉，已经过去了三十年，而今距离元蘋去世也有十年，就算担任太守，俸禄更多一些，也只不过令韦应物更为悲伤，落下的眼泪打湿了衣襟，因为妻子没有享受到这些俸禄，他也就"悲多欢自疏"了。

韦应物曾不止一次经过旧居，也只不过"多累恒悲往，长年觉时速"地感叹时光飞逝，而这首诗写他泪湿衣襟，主要不是因为旧居，而是旧居所承载的与妻子在一起的温馨生活。

这种情感，在元蘋去世第二年所写的《过昭国里故第》诗中表现得最明显。昭国里是在长安朱雀门大街东第三街从北第十坊，所谓的故第就是元蘋去世的东厢房，是他们曾住过的地方，但并非他们的房屋。韦应物送妻子安葬后回来收拾留下的东西。元蘋留下来的文字，在韦应物看来处处暗示着他们要生死分离，手帕上还残留着她的气息。她没有做完的女红放在筐中，那些布匹上都有她标记好的刀尺痕迹。韦应物取回这些遗物，悲伤地说："永绝携手欢，空存旧行迹。"可见这些行迹，只不过因为元蘋而使他万般不舍，因此他在诗中一再地加以表现，如"时迁迹尚在，同去独来归"等。

783年，韦应物在诗中说自己家贫请不起童仆，靠粗手粗脚的下属来打点生活，屋前晒着药草，衣服都随意放在筐中，

"谁复知次第，澽落且安排"，并不知道应该怎么整理，无聊之中姑且这样过吧。反映妻子去世之后韦应物随遇而安的生活姿态。

元蘋过世后，韦应物与妻弟们保持了长久的亲情，而这往往建立在对元蘋的怀念上。有一次，他路过扶风县的旧居地，就写诗给两位妻弟说：

> 佳人亦携手，再往今不同。
>
> 新文聊感旧，想子意无穷。

把对元蘋的思念融入到跟妻弟们的来往中去。此类甚多，如"况自守空宇，日夕但仿徨"，再如"存者邈难见，去者已冥冥。临风一长恸，谁畏行路惊"，想起元蘋，韦应物悲痛得都顾不得路人异样的眼光了。

从以上的长时间跨度的追踪中可知，韦应物对元蘋的爱，贯穿了他余下的人生。正是这种长久之爱，使他在嫁女时，写下传颂千古的嫁女诗《送杨氏女》。韦应物给长女物色的女婿叫杨凌，不仅是贵族，也很有才华。送她出嫁那天，韦应物感到很难受，因为子女从小就没有母亲，他对子女很慈柔，希望自己既能扮演好父亲的角色，也能让他们不缺母爱。长女很听话，帮助他照顾弟妹，尤其是小女儿，完全是长女一手带大的，因此离别之时，她们抱在一起哭个不停。

可是韦应物没有办法，毕竟长女要嫁人，还是一边狠心送她上车，一边不断叮嘱她说："你妈过世得早，我最担心你不会侍奉公婆。小杨家人都不错，就是有些贫寒，但这恰是我们所看重的，你不要在意生活上的匮乏，要好好顺从长辈。这次送你出嫁，不知何时才能再见。"嘱咐完这一切，长女就出发了。

这些嘱咐，本该是元蘋来说的，韦应物代行了母亲的角色，益发使人感动。大女儿出嫁前，韦应物一直告诉自己要好好表现，临出嫁之际还是没有收住眼泪，送嫁回来看见小女儿，眼泪更是一发不可收。

通过对韦应物家庭生活的剖析，可以看出他生活的艰辛，这跟他的身份似乎不相符合，他是怎么把一手好牌打得稀烂呢？应该说，除了元蘋之死是他没法选择的之外，大多都是韦应物安贫乐道的结果。

他虽然早年有李隆基撑腰，"一字都不识"也能活得风生水起，可是"武皇升仙去，憔悴被人欺。读书事已晚，把笔学题诗"，赶紧弃武从文，但才华不够，只好出任各地父母官。让他万万没想到的是，后来竟长期沉沦于地方长官的职务中，还曾因法办军骑而被诬陷，从此学会了循规蹈矩，"沉埋案牍间"。

但韦应物做官有个底线，就是廉正为官，不欺百姓，说来容易做来难，如果不逼迫百姓，自己就要遭殃；如果逼迫，百姓又很可怜，所谓"促戚下可哀，宽政身致患"是也，这也就像韦应物的诗，说来平淡，想要写好却不容易。

韦应物在去世前担任过苏州刺史，他跟当地的丘员外是诗友，一起在西斋游玩，可是因为公务繁忙，有一段时间没去之后，就"还复长榛丛"，原来的竹林被乱草杂木所占据，韦应物感叹说：

> 端正良难久，芜秽易为功。
>
> 援斧开众郁，如师启群蒙。

在中唐的乱政下，韦应物只要稍微动点儿歪脑子就能如鱼得水，平步青云，可他就是不愿污秽，而努力维持端正，甚至还像老师启发学生那样，用斧头斩断杂木乱草。他为什么出身名门贵族，却一直困居地方长官之位，原因就在这里。

而在韦应物众多的送别赠答诗中，也常常以这种为官之道勉励朋友，如"从宦俱守道，归来共闭门"。因为诗歌对他来说，就该发挥这样的道义，故云"篇翰每相敦"。

有一次，另一位诗人畅当投笔从军，韦应物就写诗鼓励，希望他能建功立业，而自己则乐在田园之中，有官做就做官，没官做就当农民：

> 偶然弃官去，投迹在田中。
>
> 日出照茅屋，园林养愚蒙。
>
> 虽云无一资，樽酌会不空。
>
> 且欣百谷成，仰叹造化功。
>
> 出入与民伍，作事靡不同。

虽然贫穷，但只要肯劳作，就有收成，就有酒喝，韦应物的心态何其难得，真是一点官架子都没有，难怪能跟百姓打成一片。

写诗，尤其是山水诗，是韦应物排遣郁闷的最佳办法。有一次闲居，他一觉睡到自然醒，出门溜达一圈，心情美美的，写诗说：

> 不觉朝已晏，起来望青天。
>
> 四体一舒散，情性亦忻然。

游完回到茅屋中，想起官场的朋友们"束带理官府，简牍盈目前"，他便用诗句慰问。可见他自己深觉大自然有疗愈之功。

大自然，不仅疗愈了韦应物的案牍劳形，也安顿了他的伤逝隐痛。

李贺：人言可畏

李贺一生只活了二十七年，按道理来说他的身世最简明易懂，但历来传说众多，容易使人混淆。从他流传下来的诗歌来看，基本上都是后人的附会，其中有一个倒是真切的，就是他父亲名叫"晋肃"，在唐代，读音跟"进士"接近，一些别有用心的人就拿这说事，让他不准考进士，否则就是对父亲不孝。

尽管韩愈赏识李贺，还特意为李贺写了《讳辩》一文，认为他完全可以考进士。可是李贺还是放弃了考试，因为不管事实究竟如何，这件事毕竟引发了争议，如果李晋肃还活着，出面来平息争议是比较好的，偏偏他已经死了，李贺为了平息这场争论，只能哑巴吃黄连——有苦说不出，无功而返。

对其他人来说，考不考进士也许并不重要，但李贺是刻苦的读书人，考进士对他来说意义非凡，是他能否鲤鱼跳龙门、改变贫苦生活的关键所在。他在长安担任奉礼郎的时候，曾做了一个美梦，梦里他回到家，母亲很高兴，小弟弟去山里采摘野菜给他做饭。李贺却开心不起来，因为家人都期待他能在长安立住脚跟，一家人才能填饱肚子，可是他却不幸赶上疫情，妻子大约也因此过世，让他想回家，就写了一首《题归梦》诗。

试想一下，如果李贺可以考进士，起码他有个盼头，也不至于担任奉礼郎这样的虚职，在长安生不如死。当然，很多人考中进士也未必就会前途光明，但没有机会去考，白白浪费才华，等于是还没出生已被扼杀。

李贺也考虑过其他仕进途径，比如从军，他写诗说：

男儿何不带吴钩，收取关山五十州。

请君暂上凌烟阁，若个书生万户侯？

凌烟阁上的功臣，有哪一个是书生呢？不如从军去！

但是，李贺擅长的毕竟是书生事业，让一个人去做他不擅长的事情，这不是故意刁难吗？因此，也只能"客帐梦封侯"了。

从一开始，李贺就被社会无情地刁难了，这种舆论压力，让他形成强烈的危机感。而中唐军阀割据、政治昏聩的大现实，又无时无刻不让他感到生存的艰难。他曾写过一首诗，诗中说自然资源已经被挥霍无度的统治者征收殆尽，蚕刚出生，就有县官骑马过来收税，女子只好卑躬屈膝地解释，等到蚕丝出来，织成布匹，就马上交税，说着，就让小姑好酒好菜招待县官。县官吃饱喝足，满意而去，这时管钱粮文书的小官又来催逼了。

这种无奈的现实，每天都在上演，无数地方被逼得鬼气森森、毫无生机。

有一次李贺经过南山，正是秋高气爽时节，他却写"冷红泣露娇啼色"，为什么挂着秋露的花朵在哭泣呢？原来，九月了，荒芜的田地还只有稀稀疏疏的稻子，幽幽的萤火虫飞来飞去，人能靠什么活下去呢？只能"鬼灯如漆点松花"，到处是鬼火点缀着松枝。而这鬼火，在惨白的月光下，不断迎接着新死人，满目都是"幽圹萤扰扰"的墓地惨况。

从这个角度来看，李贺的很多鬼诗，其实写的是人间。有一次吴道士夜醮，李贺就突发奇想，想给扬雄招魂，"愿携汉戟招书鬼，休令恨骨填蒿里"，这不正是用扬雄之遗恨来描写李贺自己这类失意书生吗？尤为明显的是《苏小小墓》，诗中写的是苏小小死后仍旧在等待知音，只不过"西陵下，风吹雨"，知音难觅，这不正是李贺的心声吗？

可不要以为逼租这类情况，对于不食人间烟火的李贺来说，离得很远。恰恰相反，李贺就是这种社会现实的见证者和亲历者，他在诗中就写到自己被催租的惨状：

> 我在山上舍，一亩蒿磽田。
>
> 夜雨叫租吏，春声暗交关。
>
> 谁解念劳劳，苍突唯南山。

李贺只有一亩贫瘠的土地，也难以逃脱夜雨被逼租的命运，不得不担惊受怕，忧愤郁闷。

在这样的时代逼迫下，如果李贺身体健康一些，他也许还可以抗争一下，偏偏他又是勤苦书生，要依靠药物维持健康。有一次在家里读书，他写了一首诗感谢不离不弃的书童，前两句就交代了自己的身体状况："虫响灯光薄，宵寒药气浓。"他在长安的仕宦艰难又使他的健康大为受损："归来骨薄面无膏，疫气冲头鬓茎少。"都快秃头了，以至于他二十来岁就常有"此生休矣"的死亡预感，他自己亲口承认说："我当二十不得意，一心愁谢如枯兰。"又说：

长安有男儿，二十心已朽。

楞伽堆案前，楚辞系肘后。

人生有穷拙，日暮聊饮酒。

只今道已塞，何必须白首。

二十岁，在古代不过才成年，未来大有可为，李贺为什么就这么斩钉截铁地认为自己无望了？就是因为他身体不行，才有"主人劝我养心骨"的话，让他保重身体，从长计议。

如果李贺不是诗人，或许他也可以养好身体，但偏偏写诗对他身体的消耗太大。本来，苦难的现实他无可避免地要经历一遍，而要把这些现实带给他的怨恨写进诗中，等于是要他再经历一遍，这还不排除修改的过程，因此，写诗对他是残酷的。

李贺自己把写诗比作"写恨"，他认为他的诗是"诗封两条泪"，他也知道自己的诗多怨，"非君唱乐府，谁识怨秋深"，遗憾的是，这种清醒的认识不但没有让他少"呕心沥血"写诗，反而让他倍觉用力，他写诗的时候简直达到癫狂状态：

长歌破衣襟，短歌断白发。

秦王不可见，旦夕成内热。

写诗让他衣襟破裂，白发断落，心中郁积内热，真是把他从头到脚、由外到里地暴击一遍，以至于"歌成鬓先改"，诗歌写完，他就衰老很多。

拿生命创作出来的作品，使他不自觉地以贾谊、屈原这些早死或自杀的诗人为楷模，这越发加重了他的思想负担。在这种情况下，如果还没有知音理解，就更加令人难堪，也就使李贺的病情更加严重："无情有恨何人见，露压烟啼千万枝。"难怪韩愈对他表示赏识，会让李贺如此高兴，写出"笔补造化天无功"的惊天地泣鬼神之句。

种种因素合在一起，使李贺经常有死亡的预感，他喝酒的时候，会想到死去的刘伶，写下"劝君终日酩酊醉，酒不到刘伶坟上土"。他的诗中更是多用"死"字，"青狸哭血寒狐死"之类的诗句比比皆是。

李贺甚至把自己比作死物，韩愈、皇甫湜的赏识带给他鼓励，他就激动地写下"庞眉书客感秋蓬，谁知死草生华风"的诗句，说自己就像死草被春风吹拂，好像要活过来一样，那之前可不就是已死状态吗？

经常笼罩在死亡的阴影下，久而久之，在李贺看来，死亡不再可怕，只要死得有意义就行，在《雁门太守行》中，他就塑造了一个愿意"提携玉龙为君死"的将军形象，带有他"古剑庸一吼"的自身情感色彩。

死亡不仅不再可怕，甚至成为李贺的朋友，给他很多的创作灵感，写了大量的鬼诗，这些鬼诗有些出于想象，有些却是对现实的艺术化处理，因为死者的权力并不会随着死亡就结束，有时候还会对生者产生强大的约束力。比如《追和何谢铜雀妓》中，李贺写曹操的妓妾在铜雀台上给他祭奠、跳舞，结束后看着台上的供桌泪如雨下，这可不是为曹操流泪，而是为她们自己不幸的命运而悲伤。

李贺甚至对死亡提出很多自己的看法。比如，他认为仙人也会死，不要迷信神仙，这可能有批评唐宪宗迷恋修仙的成分在，但主要是李贺自身对死亡的看法跟时人不同所致，他说"天上几回葬神仙"就是如此。

既然仙人也会死，这世上还有没有什么是永恒的呢？李贺把目光对准了时光，他要征服日月，他听说掌管昼夜的是烛龙，他就要去斩杀烛龙，把龙肉都吃掉，这样一来，昼夜就不再交替，时间也为之停止，"老者不死，少者不哭"。

从这个角度来看，仙人是拥有更多时间的人，而鬼魂则是丧失时间的人，如果一个人的创作能够引发仙人降临，这样的作品就是不朽的，比如仙人升天视角下的"遥望齐州九点烟，一泓海水杯中泻"；而一个人的创作如果只能引来鬼魂的厮守，则是一件很可悲的事，比如"雨冷香魂吊书客，秋坟鬼唱鲍家诗，恨血千年土中碧"，如果诗人的作品不能传世，只能让"鬼唱"，也就意味着失去了生命力，岂不会含恨千年？

遗憾的是，李贺生存的时空宛如炼狱，因此他写的鬼诗更多，但只要人间还没有完全建成乐土，李贺的诗歌就不会失去力道。

据说《秋来》完成后，李贺的生命就走到了尽头。后人根据李贺《公无出门》诗对鲍焦和颜回死亡的看法，加以改变，为李贺编制了美好的结局。李贺说，颜回早死不是因为气血衰竭，鲍焦饿死也不是违背天意，这都是"天畏遭衔啮，所以致之然"，是老天害怕这样的高洁之士被陷害，所以才让他们早日升天，李贺进一步解释说，如果还有人不相信，可以看看屈原呵壁问天的事。

在李贺看来，老天居然害怕被陷害的高洁诗人会像屈原那样写诗批评它所创造的人间，因此不惜让高洁之士早死，其诗歌的批判性就可想而知了，看来李贺真的不是在写写鬼神而已，他应该是蒲松龄的异世知音。

可惜，大多数人都误解了这一点，以至于后人把李贺的死，描述成怕他在人间太苦，天上相对来说幸福一些（李贺《天上谣》就描写了仙人太平生活的场景），所以接他上天。这与其说是后人对李贺诗歌的接受，不如说是对李贺本人的祝福。

而我们剥去鬼神的外衣，还李贺诗歌的原貌，就像李贺给扬雄招魂一样，也算我们给李贺招魂吧，虽然"神兮长在有无间"。

韩愈：神奇动物在哪里

被后人称誉为"文起八代之衰"的韩愈，其实诗歌写得也很好；他不仅会板着面孔说教，更善于把平生所遇到的神奇动物活灵活现地通过作品展现出来。

这都源于他对生命的热爱，对自身才华的坚信，同样是二十岁，李贺已经基本放弃希望了，韩愈却越挫越勇，有一次落第，他在繁华的长安街道上漫无目的地走着，竟没有朋友可以拜访，自然也没人安慰他。但他并不因此气馁，反而坚信他的想法跟古人是一致的，只不过"我道方未夷"，有利于他的时势还没到来，而不是他的主张不对，只要假以时日，"天命不吾欺"，属于他的时代一定会来的。

没有考上进士之前，韩愈投奔在北平王马燧家里，虽然寄人篱下，"京漂"滋味一一遍尝，但是马燧的二儿子对他很好，韩愈就一边复习再考，一边做家庭教师。

这时北平王家里出现了一件神奇的事儿，有两只猫同时生崽，其中一只猫生完后快死了，两只幼猫拱到身边想要吸奶，那只猫只能发出微弱的"咿咿"声，呼唤着自己的宝宝，爱怜却无力。另一只猫正在给宝宝喂奶，歪着头听声音，忽然起身朝病猫奔跑过来，用粉红的湿舌头舔病猫的脑袋，想要救它，没有成功。病猫去世后，这位猫妈妈就把猫仔都叼到自己的窝里，像对待自己的孩子一样，让它们尽情吸奶。

这件事给韩愈很大的震惊，他原来阅读的古书里就有天人感应的说法，没想到真的发生了。北平王家里的猫之所以如此仁义，就是因为它的主人北平王仁义，从而感化身边万物，连猫也充满人性。

韩愈观察得这么仔细，肯定是从中想到了自己的身世。他出生不久父母就去世了，全靠哥哥嫂嫂把他养大；如今在长安无依无靠，又是马燧给他容身之处，人世间的温暖很快战胜了艰辛，培育了韩愈的自信品格。

二十四岁，韩愈又参加了考试，还是没考中，回宣城探望亲人，路过浑城镇守的河中府，这时又发生了一件奇特的事，有个平民来汇报，说河东两棵树生长到了一起。古代有个说法，叫"王者德至草木，则木连理"，现在两棵树长成"连理枝"了，看来浑瑊的德行感动了草木，韩愈就高兴地写了一篇《河中府连理木颂》，称颂浑瑊的德行。

就这样，韩愈不断充实自己。二十五岁那年，主考官是著名宰相陆贽，韩愈一鸣惊人，成功考上进士，但想要做官的话，还要参加吏部主持的博学宏词科考试，可惜次年韩愈没有考上，但他的信心并没有受挫，他在《上考功崔虞部书》中说："古人四十岁强壮的时候开始做官，我才二十六岁，没做官也不晚，还有十四年呢！我坚信的古人之道，不会因为考试受挫而废止，我会终身践行，死而后已，不会白费的。"韩愈的原话是"不有得于今，必有得于古；不有得于身，必有得于后"，真是自信心爆棚。

自信使韩愈把目光从自身移到社会，从而寻求当权者的推荐，他在给一位长官的自荐信中，把自己比作一个"怪物"，这个怪物跟一般的鱼虾不同，它如果离开了水，只有寻常尺寸大小，一旦得水，那就呼风唤雨、上天入地、无所不能。言外之意，是希望长官能够给他一杯水，让他腾云驾雾，一遇风云便化龙。

韩愈的请求，不是卑躬屈膝的，"若俯首帖耳摇尾而乞怜者"，如果是摇尾乞怜，那么韩愈宁愿在泥沙中烂死，也决不侮辱自己的人格。后来，他又把这种意思写成《海水》诗，诗的末尾说：

我鳞日已大，我羽日已修。

风波无所苦，还作鲸鹏游。

看来韩愈所说的"怪物"，就是鲲鹏巨鲸之类的神物。

贞元十年（794）十一月，南充县有个贫寒之女，名叫谢自然，在州城西门外金泉山上白昼飞升，士女数千人观看，不一会儿，五色祥云遮盖山川，天上响起仙乐，奇特的香气弥漫下来。当地太守把这件事汇报给朝廷，得到嘉奖。

韩愈听说这件事，写了一首《谢自然诗》，诗中对这个传闻大加批评。有人不解，韩愈自己不就是相信"怪物"的吗？怎么现在对神仙又不信了呢？要知道，韩愈写到的神奇动物，都有一个特点，就是人性化，而不是把人神仙化、妖魔化或怪物化，韩愈的一切出发点都是回到人本身，所以他在诗中说：

人生处万类，知识最为贤。

奈何不自信，反欲从物迁。

只有我们人类改变万物，怎么能让人被万物改变呢？韩愈不仅批评了传闻者的陋识，也对谢自然化为"异物"表示了哀怜。

就在韩愈不得不学写"时文"以求考中博学宏词科时，跟他同年考中进士、第二年就考中博学宏词科的竞争对手李观，担任了一年的太子校书，却在第三年就去世了。韩愈对李观的感情是复杂的，在韩愈看来，李观"才高乎当世，行出乎古人"，跟韩愈是志同道合的好朋友，甚至换个角度来说，李观的当官，所实现的抱负，也是韩愈的主张。如今他却一命呜呼，客死长安，不能不对韩愈造成极大的困扰。有人说韩愈对李观的评价过低，我们看他写的《送孟东野序》中有一句话说：

唐之有天下，陈子昂、苏源明、元结、李白、杜甫、李观皆以其所能鸣。

把李观排在李、杜之后，可见他在韩愈心中的分量。不久，韩愈遇到孟郊，开创韩孟诗派，如果李观不早死，肯定也会成为其中重要的一员。

李观去世前，韩愈给他写过一篇《瘗砚铭》。当时他们都在长安准备进士考试，有人送了李观一枚泥土烧成的瓦砚，四年来，无论什么考试，李观都带在身边。有一次外出，瓦砚不小心被他的仆人碰掉在地，摔碎了。李观不忍心丢弃，就像我们不忍心丢弃旧书包一样，把碎片装在木盒里带回长安掩埋起来。韩愈觉得他不忘初衷，就写了这篇铭文，一来纪念瓦砚，二来安慰李观。

韩愈的构思很奇特，他说瓦砚本来就是泥土，如今埋进土里，并不算死去，只不过尘归尘、土归土罢了。而李观能够把它埋葬，也是有仁有义。因为人对瓦砚赋予了这样深厚的情感，所以瓦砚又不同于普通的泥土。多年后，韩愈创作了《毛颖传》，用意比较接近，文辞已更为成熟。

虽然韩愈对自己很自信，但现实的窘迫却使他不能不赶紧谋取官职，以缓解生活的压力。二十八岁这年，他给宰相一连上了三封书信，都没有得到答复。这时一个更可怕的打击来了，待他如母的嫂嫂郑氏去世，他不得不回家奔丧。

回家路上，韩愈见到一位使者，他带着两只白鸟，气势汹汹地朝长安赶去。他对路上的行人说："我是一位太守的使者，要送吉祥物给皇帝，你们都给我让开！"韩愈赶紧躲到路边，看着使者扬长而去，不禁悲从中来，他是真羡慕这两只白鸟啊，它们只是因为皮毛长得好看，就能献给皇帝，而他饱读诗书二十二年，却无缘谋得皇帝一眼青睐，岂非人不如鸟乎？这一次，他被神奇动物深深地伤害了。

给郑氏守完一年丧，韩愈不打算再去长安忍受煎熬了，当时宣武节度使李万荣病死，其子作乱，朝廷派董晋担任节度使，韩愈就随他到汴州任职，认识了张籍。韩愈写了一些拟人化的神奇动物，张籍就称他"驳杂之说"太多，把文学搞得太不严肃了。

韩愈回信说："这就是我的游戏笔墨，虽然不能跟高头讲章相比，但总比沉迷酒色好，你批评我写得驳杂，就跟去洗澡的时候怪大家都脱衣服一样，不脱衣服怎么洗澡呢？不写得神奇好玩，我怎么能达到自娱的效果呢？"

韩愈的回信，透露了重要的消息，他是把这类文字视作消遣的，文字本身的趣味性和写作对象的"好玩性"就是目的所在。这一点很重要，我们在阅读的时候也不要刻意求深，否则就离韩愈的创作目的越来越远。

因为对万物很关注，韩愈学会了从身边万物中领略先机。

董晋病死前，曾告诫子孙此地不宜久留，子孙很听话，在他死后三日就扶着灵柩归葬，离开汴州四日后，汴州果然发生兵乱，韩愈的同事大多被乱兵杀死，而韩愈则因给董晋扶柩，逃过一劫。

如果说这还是偶然的话，那么接下来的事情就有点儿戏剧性了。董晋去世，韩愈只能跑去依靠另一位节度使张建封，但两人的关系不是很好。有一次韩愈写了一首《鸣雁》诗，诗中说这只大雁不远万里跑到温暖的地方，只是为了一口饭吃，事与愿违的是，这只大雁不仅没有吃饱，反而因为跋涉而"毛羽摧落身不肥"，这当然是把自己比作大雁了。

还有一次，役夫抓到一只白兔，献给张建封，韩愈就从白兔身上解读出众多内涵，比如兔子能被驯化，可见人的德行对它有用；再比如它会像人一样站立打拱，可见它不完全是禽兽；可是它又很狡猾，就像那些狡诈的地方势力一样……说了一大堆，落到他的本意上来，不过是认为白兔的俘获，象征着更多的军阀会归附朝廷，希望张建封能顺应天意，忠于大唐，"其事兆矣"，把白兔当作预兆。

张建封知道韩愈的用意，也跟他诗歌唱和过，但他是统帅，有时候事情不是他想怎么决定就怎么决定的，还要安抚部下。张建封去世后十五天，部下发生兵乱，而韩愈因为跟张建封意见不合，在这之前已经离开，又一次绝地求生。

经过这样两次死里逃生，韩愈觉得藩镇太危险了，决定还是去朝廷试试运气，果然被选为国子监四门博士，多年的坚持，终于有了着落，也可以看出他凭着一条路走到黑的精神成功了。

去长安任职要经过洛阳，韩愈跟好友们一起沿着山石路攀援，"黄昏到寺蝙蝠飞"，然后被僧人留在寺里看壁画。第二天早晨下山，到处都是雾气，连路都看不清，宛如仙境，韩愈却很高兴，说明他坚持爬上来也得到了回报。

等到长安一切准备妥当，他就回去接家人，路过华山，好家伙，韩愈被"自古华山一条路"的险峻吸引了，决意也要爬上山顶。越爬越高，他靠在岩石上望着海浪一般奔涌的云雾，挥一挥衣袖，似乎能碰到天上的星星，兴奋不已。饱览景色之后，他才注意到路有多滑，风有多大，而他有多危险，这才意识到上山容易下山难！

据说他"发狂痛哭"，以为自己回不去了，华山县令千方百计才把他平安带到山脚。事后韩愈自己在诗中承认说"悔狂已咋指，垂诚仍镌铭"，从此以后，韩愈就没有出于游乐冒过这么大的险了，看来华山给他的教训确实很深。

本来韩愈在长安做官做得好好的，可是唐德宗末年比较昏聩，又赶上长安大旱，韩愈听说民间已经开始卖儿鬻女了。有一天他出去办公，"亲逢道边死，亻立久咿嘤"，亲眼看到路边的死人，叹息了很久，回到家里吃不下饭，恰好这时他被任命为进言的御史，韩愈就把情况跟唐德宗汇报了，天子大臣都感叹，答应要采取行动，结果却被小人进谗言，导致韩愈被贬为山阳令。

唐顺宗即位之后，韩愈得到大赦，调任江陵府法曹参军。唐顺宗想推行永贞革新的政策，刘禹锡、柳宗元追随王叔文参加，但没多久就失败了，韩愈听说这个消息，很为他们惋惜，写诗说：

君子法天运，四时可前知。

小人惟所遇，寒暑不可期。

诗中指出刘禹锡、柳宗元谋略不远的弊病。

有一只神奇的鸟，名字叫驯狐，老是跑到韩愈的屋顶大叫，搞得乌烟瘴气，鬼气森森，韩愈的老婆孩子都吓得躲了起来，韩愈觉得不能再姑息了。因为鸟儿乱叫，在古代是有迷信说法的，贾谊写《鹏鸟赋》就是明证。韩愈不管这些，他怕驯狐搅乱了节气，那可就乱了套，便一不做二不休，一箭把它射死了。事后还写了一首诗说："自可捐忧累，何须强问鸮。"干就完了，何必管吉凶，展现出韩愈跟命运抗争的倔强。类似的作品很多，比如《讼风伯》，连不管用而使人间大旱的神灵，韩愈也不会放过。

可是韩愈却往往有祷神的行为，这不跟前面矛盾吗？有一次他路过衡山，想要看看衡山的美景，但当时秋雨绵绵，阴云遮蔽，韩愈就"潜心默祷若有应，岂非正直能感通，须臾静扫众峰出，仰见突兀撑青空"。经过虔诚的祈祷后，衡山神似乎感受到了，直接吹走云气，让韩愈一饱眼福。

韩愈虽然能懂先机，有时候这个才能也被正面运用到国事中去，比如平淮西时他就给裴度出过奇袭吴元济的计谋，再比如说服成德节度使王庭凑等，有时候只要稍加利用，就能避免纷争，比如牛李党争，韩愈就避免得较好（尽管也被陷害，与李绅产生误会，但很快就解开了）。然而，有时候明知不可，为了国家，韩愈也需要站出来，比如著名的《论佛骨表》就得罪了唐宪宗，"一封朝奏九重天，夕贬朝阳路八千"，把韩愈贬为潮州刺史。

韩愈怕自己无法生还，就在黄陵庙里向湘夫人祈祷，后来，韩愈果然调任国子祭酒，祈祷似乎应验了，韩愈就拿出私钱十万还愿，来修葺黄陵庙。

这不是典型的迷信吗？实则不然，真正让韩愈生还的，是他祈祷时内心深处想要生还的信念，而黄陵庙不过是加深了他的求生欲。与其说韩愈是在修葺黄陵庙，不如说是在给向黄陵庙祈祷的人传播信念。

类似的做法还有很多，包括他那著名的《鳄鱼文》也是如此，不必用巧合来曲解，而是他文中所滋生的信念在起作用，使官府、百姓都开始重视鳄鱼，自然就会形成对策，调动大家的积极性。

韩愈诗中写到的神奇动物和人，还有很多，比如麒麟、精卫鸟、蛤蟆精、猛虎、白龟、斗鸡、无头狸、狂人、穷鬼、疟鬼等，甚至连他的侄子、十二郎的儿子韩湘，还被后人传为仙人，进入八仙之列。

但总体来说，韩愈都是以人为标准的，他诗中所展现出来的"怪怪奇奇"，也都逃不出为人类所用或所批判的路径，这是他"以人为本"思想在文学创作中的曲折反映。韩愈曾说：

人所以畏鬼者，以其不能见也。鬼如可见，则人不畏也。

韩愈把他所认为的奇怪之事写出来，让世人看见，也就等于是在努力让世界变得不奇怪，变得更好。

柳宗元：做题家之殇

柳宗元的一生，只有短短的四十七年，他虽是高门大族，到他父辈这一代已经衰落，战乱之中更是饱尝艰辛，沦落为寒门子弟，不得不靠考取进士获得改变社会阶层的机会。

韩愈虽跟柳宗元政治观念、人生价值等方面都有不同，却彼此了解很深。柳宗元去世后，韩愈含着悲痛、惋惜的心情给他写了墓志铭，对他的艰难人生进行了概括："柳宗元年轻的时候视野较低，以为全力以赴地追逐梦想，哪怕不顾及别人对自己的看法，也能建设一番功业，最终被贬；贬谪之后，他又没有什么人脉能够帮他，直到病死穷乡僻壤。"

韩愈对柳宗元的概括，是比较准确的，用现在的话来说，柳宗元就是中唐的做题家，缺乏视野，没有资源，除了靠自己奋斗，别无他法。这给他带来了去长安做官的机会，却也最终酿成了他的人生悲剧。

773 年，柳宗元出生，柳氏家族随着安史之乱的爆发，已经跟唐王朝一起衰败下来，好几代人都只能在乡县担任低级官吏，柳宗元的父亲刚考中明经科，就不得不因为战乱跑到浙江德清县，当时柳宗元的祖父正担任德清县令。

说是依靠县令，实际上过的是难民生活。有一次柳宗元的父亲出去借米，被山涧洪水围困，差点丧命。柳宗元的母亲卢氏为了照顾一家人的起居饮食，不得不自己节食挨饿。因为战乱和贫穷，柳宗元没机会进入好学校。

形势不仅没有好转，反而更糟，等柳宗元九岁时，成德节度使李宝臣病死，他的儿子要求袭任，被唐德宗拒绝了，因此叛乱，后来其他几个节度使也起来响应，长安被乱兵占领，唐德宗被迫出逃。柳宗元也被父亲带到湖北武昌躲避，不巧叛军来攻，虽然最后被成功击退，却让柳宗元亲身感受到了战争的残酷。

即便是唯一有望改变命运的科举考试，也变得更加腐败。不过柳宗元没有其他办法，只好下定决心读书。据说他四岁就开始接受启蒙教育，母亲卢氏让他背诵"古赋"，后来进入州县乡学、家塾中学习，这种艰苦的学习条件，跟陈子昂入国学简直没法比，以至于柳宗元的学习并不"正规"，他既学习儒家经典，也博览诸子百家，所幸他聪颖早慧，还是早早打下了扎实的基础。

武昌保卫战的胜利，使柳宗元的父亲得以调到长安，但很快又卷入政治斗争而被贬谪。柳宗元就这样在战火与颠簸中度过了自己的学习时代。

幸运的是，唐德宗经过战乱后开始励精图治，任用贤相陆贽，朝廷风气大为改善。贞元九年（793），户部侍郎顾少连主持科举考试，他是正直之人，不顾人们的流言蜚语，大力选拔寒门学子，柳宗元、刘禹锡都在这次考中了进士。

凭着刻苦学习得来的真才实学考上了，柳宗元的父亲又被平反，调回长安，本以为一切好起来了，却没想到次年他父亲就去世了。

柳宗元给父亲守完孝，跟幼时定亲的杨氏结婚，开始向做官前的最后一场考试宣战。但他跟韩愈一样，连续考了几年都没有考中，直到二十六岁才成功过关。

这期间他的思想发生了一个大的转变，他意识到做题家的方法所积累起来的知识难以让他"大有为"，他在给朋友的信中说：

若宗元者，智不能经大务，断大事，非有恢杰之才；学不能探奥义，穷章句，为腐烂之儒。虽或置力于文学，勤勤恳恳于岁时，然而未能极圣人之规矩，恢作者之闻见，劳费翰墨。

柳宗元对自己进行了深刻的批评，认为自己的资质既不高，学得也不扎实，就算是不断刷题学习，也没有太多的新意，不过是浪费纸墨。柳宗元的话中肯定含有牢骚，但也能看出他在反思过去的学习存在的弊端。

通过最后一道考试之后，柳宗元担任集贤殿书院正字，这虽然是九品小官，但掌管京师里的图书经籍，为柳宗元的进修学习提供了极大的便利。

可是灾难又接踵而至，柳宗元的妻子去世了，没有留下子女。后来柳宗元虽然跟其他妇人育有子女（柳宗元把他的两个儿子取名周六和周七，不知道是不是因为他特别喜欢周末），却一直没有立为正室。这可能是对杨氏的纪念，也有可能是柳宗元后来找的女子身份比较低微。总之，原本以为考上就能翻身了，现在从家庭的角度来看，似乎并没有。

家庭生活的不幸，使柳宗元把更多的精力放在事业上，三年后他被调补为蓝田县尉，但因为他文学上有特长，被借调在京兆府负责文书工作。

　　这一段时间，柳宗元虽然并不开心，但为了升职加薪，不得不忍耐。他觉得自己就跟跑腿的一样，为大官服务，整天面对的都是谈论买卖、计算利息的俗人，没办法，寒门子弟，能有这样的官职已经很不错了，柳宗元只好天天读《老子》，告诉自己要"和光同尘"，没有傲娇的资本。即便是这样委曲求全，也被别人说闲话，背后给他取了个绰号：轻薄子弟。

　　轻薄人也有自己的朋友，其中一个就是吕温。我们前面说过，柳宗元学习的路子比较野，来到长安后开始自我反省，促使他这么做的朋友就是吕温。吕温跟当时的著名学者陆质学习《春秋》学，跟古文先驱梁肃学习文章，可谓是名校高材生。柳宗元之前为了考进士而学习，虽然也有理想，却不知道具体是什么，跟吕温接触之后，日渐去除过去的"邪杂"之学，而致力于儒学的复兴，希望恢复圣人之道，并以此道来辅佐君王。

　　可惜吕温比柳宗元更短命，只活了四十岁。

　　另外一个人是王叔文，他原来是唐德宗太子的棋手，后来成为太子的心腹，靠他联络了一批锐意进取的革新之士，柳宗元就是其中之一。贞元十九年（803），柳宗元被提拔为监察御史里行，等到唐德宗去世，太子即位，是为唐顺宗，柳宗元又被提拔为礼部员外郎，这时柳宗元才虚岁三十三，看来前途一片大好。

但质疑之声总是不绝于耳，很多人批评他"躁进"，名声反而变坏。柳宗元也意识到自己的贫贱本色，"暴起领事"，"超取显美"，难以服众。为此，他越发努力想要证明自己。

唐德宗晚年昏聩，唐顺宗即位后，在王叔文等人的努力下，发起"永贞革新"运动：释放宫女、减免赋税、抑制宦官兵权等，确实做了一些有利于大唐发展的事情。但他们这些行为，本来完全可以光明正大地进行，却选择拉帮结派，不走正常的程序，比如柳宗元就是被越级提拔的，导致很多老成官员不满。再加上唐顺宗身体不好，中风不能说话，革新派的处境很不利。

更麻烦的是，他们的改革触犯了宦官和藩镇的利益，不久藩镇就跟宦官勾结，逼迫唐顺宗退位，拥立太子李纯登基，是为唐宪宗。革新派的改革也就因此失败。

柳宗元在革新运动中主要担任文字工作，更容易留下口实。而柳宗元又性格正直，不接受请托，很多投机倒把分子没有得到满足，就纷纷造谣，恶意中伤柳宗元。当革新派眼看要失败的时候，他们又剑走偏锋，一步错步步错，想要拥立能够支持他们的皇子为帝。柳宗元为了引导舆论，还写了《六逆论》，在文中，柳宗元认为选择太子要看贤能与否，而不是只关注嫡长子身份。

这是柳宗元诸多进步思想中的一端，但这样的论点对于身为嫡长子的李纯是很不利的。所以李纯即位后，虽然很多施政方针跟永贞革新的政策差不多，但还是把王叔文、柳宗元等人贬谪到蛮荒之地，并且明确规定，就算大赦，也不要赦免他们。

刚贬到永州的时候，柳宗元因为是遭受流放的司马，没有实权，只能寄住在寺庙中，他的母亲卢氏不久因病去世，这对柳宗元是沉重的打击。

做题家所带来的不够宽广的视野，虽然经过吕温等人的开拓，却似乎并没有完全打开格局，柳宗元贬谪到永州后还在哀叹"哀吾党之不淑兮"，坐实了他们拉帮结派的错误。不过，柳宗元也有收获，他意识到做题家学到的一些知识不接地气，过于呆板，"始余学而观古兮，怪今昔之异谋"，学到的东西，跟遇到的现实不太一致，可惜柳宗元对此的反思不够深入。

然而，做题家的坚韧，也在柳宗元贬谪生活中起到重要的作用。原来生活条件就不好，如今到了永州，他把寺庙里的房间做了调整，很快投入到新的学习中，研读陆质的著作。

生命不息、奋斗不止的精神，使柳宗元在永州的十年期间，写出《永州八记》、"论文八书"等著作，以至于学者不能不感叹："堪为一个时代的精神领袖，指导着当时思想、文学发展趋势的，竟是地位卑微、远处'南荒'的'流囚'。"从这个评价中可知，柳宗元经过贬谪之后，终于从做题家转变为真正的学术大家。

因为没有资源，柳宗元几次想要重出江湖的希望破灭了，他便从寺院搬到冉溪，还把它改名为"愚溪"，真正开始接地气地生活下来。有一次郊游，他遇到农夫，开怀畅谈，还亲自耕种，"眷然抚耒耜，回首暮云横"。

柳宗元在文中多反映老百姓的艰辛，《捕蛇者说》不必提，有一次遇到西山种田的农民，他们只好把小块土地卖掉来抵偿官府的苛捐杂税，逃入更荒凉的深山之中。另外一次，他路过一个古老的村落，看见麋鹿成群，却没有一个人，"黄叶覆溪桥，荒村唯古木"，原来整个村落的人都逃亡了。

接地气的生活使柳宗元对达官显贵的认识加深了，他有一次在文章中批评那些被称作"长者"的高官，他们尸位素餐就像土偶一样，跟古代的"长者"完全不同。这些土偶穿得人模狗样，很多奴仆在他们左右奉承，"岂有补于万民之劳苦哉"，他们能给劳苦百姓任何帮助吗？别说帮助了，他们还要搜刮民脂民膏呢！

而这些人却打着"圣人"的旗号招摇撞骗，欺世盗名，柳宗元深刻地说：

圣人之道，不益于世用，凡以此也。

这就触及对圣人之道的批评了，是柳宗元对中唐儒学的重要推动。

出于对青年后辈的负责，柳宗元告诫一位青年朋友要"外圆内方"，他说：

中不方，则不能以载；外不圆，则窒拒而滞。

这应该是柳宗元对自己孤愤性格的一种反思，可他虽然宽以待人，却严以律己，他曾坚定地说：

　　　生人之性得以安，圣人之道得以光，获是而中，
　　虽不至耆老，其道寿矣。

　　只要能够让百姓安心，真正的圣人之道得到发扬，就算不长寿，所行之道也会亘古长存的，否则，损人利己，就算能活千百年，也不过是早死了。

　　值得注意的是，柳宗元所谓的"千百年"，应该不是针对个体而言的，这个"千百年"当是针对整个王朝的寿命来立论的，也就是说，如果不利于百姓安居乐业，这个王朝哪怕长存千百年，也不过早在人们心中死了。

　　此处的"圣人之道"，跟前面那些达官贵人口中的圣人之道不同，其差别也就在于是为民还是为己。

　　柳宗元虽然寿命不长，却永远发挥着影响和作用，真是应验了他自己的话。

　　虽然柳宗元后来被任命为柳州刺史，也做了一些有利于百姓的实事，比如解放奴婢，打击人口贩卖，还为此写了《童区寄传》，但他远大的理想抱负难以实现，自己又因长年累月

在还不发达的南方生活，得了一身的病。

他预感到可能等不到天晴了，就用玩笑的口吻写了一首近乎恶搞的诗，诗中说"柳州柳刺史，种柳柳江边"，柳宗元的姓跟柳州有关联，或许是他命中注定的归宿吧。故乡的亲友，也没有办法给他施以援手，柳宗元只能悲愤地写道：

> 海畔尖山似剑铓，秋来处处割愁肠。
>
> 若为化得身千亿，散上峰头望故乡。

但故乡终究没有好消息传来，819 年十一月八日，柳宗元去世的消息却往故乡传去。

应该说，柳宗元终其一生都在为自己早年的行为反思，他不仅从视野、格局、性格等方面做了反省和辩护，也通过学术努力，对自己一以贯之的大道进行了较为系统的整理与阐发。这些使他后来能够真正跳出做题家的小聪明，从而获得大智慧。他在诗中说"不以险自防，遂为明所误"，把自己没有准备后路，却被自己的小聪明所耽误的悔恨心情淋漓尽致地写了出来。只不过，这时他所后悔的，不仅仅是自己的人生被耽误，更是指因为自己前程被耽误而无法得到施展的大道。

如果历史能够重来，柳宗元还会这样选择吗？

答案是肯定的，一方面是因为社会现实无法改变，安史之乱、藩镇割据的大环境还是老样子，等待柳宗元的客观条件难以改善，另一方面是因为即便如此，柳宗元也做出了他的努力，获得了存在的价值。

韩愈在给他的墓志铭中说完他的做题家本色后，就高度评价了他的贡献："如果柳宗元真的成为大官，就算他有出众的才华，他的文学成就也无法像现在这样毫无疑问地传到后世；用文学成就和出将入相来交换，孰得孰失，明眼人一下子就能看懂。"

韩愈这样说，他自己却并非明眼人，他只看到柳宗元的文学成就，而忽略了他在思想领域的崭新创造。

刘禹锡：民谣大腕

　　柳宗元试图更接地气一点，但他性格孤僻，很难完全跟当地百姓融为一体。他去世才三年，一位僧人朋友经过愚溪，回来就跟刘禹锡说："愚溪大变，跟以前完全不同了。"刘禹锡很难过，专门写了《伤愚溪》三首诗，诗歌展现了朋友去世的伤心情绪，读来令人感动。但如果我们进一步追问原因，恐怕柳宗元自己身上的问题也不少。

　　就拿愚溪的命名来说，怎么能不顾当地的习俗，说改就全改了呢？更要命的是，改个好听的名字也行吧，非改得听着就压抑。就算被全世界亏欠了，愚溪何错之有？

　　柳宗元去世之后，"溪水悠悠春自来，草堂无主燕飞回"，也就不难理解了，如果这些溪水、燕子能够为柳宗元的去世惋惜的话，那当初怕也会激烈反对柳宗元改名吧，正所谓"天若有情天亦老"嘛。

倒是刘禹锡这个人，比柳宗元更灵活一些，更能够入乡随俗。

当然，刘禹锡不是俗人，他自己写诗，不敢轻易用俗字。据说有一次重阳节，他想写首诗，韵脚有"糕"字，可是他翻来翻去，没有在六经中找到"糕"字的出处，便取消了写诗的计划。由此可见，刘禹锡跟当时的很多士人一样，有强烈的精英意识，只不过在他这里，精英意识并不是世俗社会的对立物，而是可以融合起来的，其中最典型的代表就是他的竹枝词创作。

竹枝词原是民间流行的民歌，刘禹锡不仅没有认为粗俗，反而觉得高手在民间，加以学习。可他又不愿太俗滥，因此又融入了自己的雅趣，使其创作的竹枝词又高于一般的民歌。

刘禹锡的接地气，可能受到刘家的影响。韦绚《刘宾客嘉话录》主要记载他跟刘禹锡学习时的见闻，刘禹锡就告诉过他一些大俗大雅的事。

比如，刘晏是唐代宗时期的宰相，有一次上早朝，天气寒冷，路中遇到卖蒸饼的小摊，看着热气腾腾，就食指大动，让仆人买来蒸饼，一边吃一边跟同僚说："美不可言，美不可言。"这跟我们赶着上班或上课的路上,买个鸡蛋灌饼啥的有什么区别?

刘禹锡的从伯刘伯刍曾跟刘禹锡讲过一个卖饼摊主的故事。这个摊主就住在刘伯刍居所附近,每天起得很早,边唱歌边蒸饼。刘伯刍把他叫到跟前,才知道他很穷,就给了他一万钱,让他扩大规模,钱也不用还,刘伯刍每天从这里拿蒸饼抵偿就是了。

摊主很高兴,拿钱回去了,后来刘伯刍路过摊前,没听到歌声,以为摊主拿钱跑路了,就喊了一嗓子,摊主赶紧过来,刘伯刍问他:"怎么这么快就不唱歌了?"

摊主说:"本钱一多,心就野了,没空唱歌。"

刘伯刍笑着说:"我们当官人也一样。"

先不去看这个故事的寓意,从中起码可以看出刘伯刍对世俗社会的关注,并把做官和做买卖故意混为一谈,泯灭雅俗的界限,这对刘禹锡影响很大,以至于一直记得这个故事,还特意讲给韦绚听。

当然,最主要的还是刘禹锡自己的选择,他很早就开始留心世俗事务,他跟柳宗元一起参加的"永贞革新"虽然夭折了,尽管朝廷下令"纵逢恩遇,不在量移之限",但他自己并没有屈服。

唐宪宗有一次把他们召回朝廷，准备重新起用，结果刘禹锡嘴欠，写了一首诗，诗中说道，"玄都观里桃千树，尽是刘郎去后栽"，惹怒了执政大臣，又被任命为偏远地区的地方长官。诗中的讽刺意图很明显，把朝廷执政官员等人比作新栽的桃树，也就是指"新贵"，刘禹锡则有倚老卖老之嫌。

执政大臣想把他贬到"非人所居"的播州，柳宗元因他母亲年事已高，上书请求朝廷允许他们互相调换，裴度也出面给刘禹锡说情，这才把他贬到条件好一些的连州去。

不过他最后还是替柳宗元等友人出了一口恶气，多年后，等他再次回京，写下"种桃道士归何处，前度刘郎今又来"的诗句，来讽刺那些"新贵"已经烟消云散，尽显不服输、斗到底的豪迈精神，不愧"诗豪"之称。

回到竹枝词的创作，主要涉及男女情感问题，这在贬斥"郑卫之音"为"淫声"的古代，是难登大雅之堂的。刘禹锡似乎并不回避，这从他早年写李隆基和杨贵妃故事的《马嵬行》中就能感受到。我们可能对"六军不发无奈何，宛转蛾眉马前死"或"不闻夏商衰，中自诛褒妲"等美化杨贵妃之死的诗句更为熟悉，而在刘禹锡笔下，杨贵妃之死则更为真实。

刘禹锡当时路过马嵬驿，路边见到三四尺高的杨贵妃之墓，就特意跟当地人打听情况，算是第一手材料。他描绘李隆基的处境，是"群吏伏门屏，贵人牵帝衣"，一方面是群臣逼迫李隆基杀掉杨贵妃，另一方面是杨贵妃楚楚可怜地牵着李隆基的衣角不想死，但最终还是服用"金屑"身亡，死后"颜色真如故"，跟活着一样美。

等逃亡的李隆基走远，人们就围着杨贵妃的尸体，"共爱宿妆妍，君王画眉处"，没有卸掉的妆上还有李隆基画眉的杰作，甚至连她脚上的袜子还被人拿走传看，虽然"传看千万眼"，但"缕绝香不歇"，可谓真实得有点儿令人不寒而栗了。

通过刘禹锡的细致描写，我们明显可以感受到刘禹锡对此并不忌讳，这比白居易刻意美化李、杨爱情，比杜甫专门美化李隆基，都要高明得多，也接地气得多。

这也难怪，刘禹锡是很光明磊落的。他在早年写《秋萤引》的时候，就以萤火虫自比，说它"天生有光非自衔，远近低昂暗中见"，萤火虫自带光环并不是拿来炫耀的，而是要在夜中也不放纵，让所有人都看见它的所作所为，这跟那些夜中隐藏起来害人的蚊子不可同日而语。

刘禹锡连夜晚都如此慎独，白天更不用说，这不仅体现在他对异性的态度上，也体现在跟同志的交流中。比如，他追随王叔文，后来虽然王叔文失败后被污蔑，刘禹锡也是"我心如砥柱"，对王叔文的态度没有改变。

后来经过佛法的吸收，他发现越是无欲之人越容易写出好作品，他说：

> 能离欲则方寸地虚，虚而万景入，入必有所泄，乃形乎词。

意思是说，心中无欲，自然虚心，虚心之后，万物都能容纳进来，等到再把万物泄出心中时，就成了作品。按照这种创作路径，刘禹锡不仅认为描写男女之情的作品是出于作者的无欲、虚心，而且也正是这些作品有利于保持作者的无欲、虚心，这就使男女情感的作品带有净化人心的力量，而不必背上"诲盗诲淫"的恶名。

男女情感的作品，在乐府诗中比较常见。比如，我们熟悉的《长干行》就写了青年男女的爱情，刘禹锡则在此基础上写了《淮阴行》，其中一首比较有代表性：

何物令侬羡，美郎船尾燕。

衔泥趁樯竿，宿食长相见。

这首诗写淮阴女子对燕子的羡慕，因为燕子可以跟她的情郎做伴，而自己却难得一见。

但这类题材已经有很多成熟的作品，比如李白的《长干行》就有"同居长干里，两小无嫌猜"的千古名句，刘禹锡虽然写得也还不错，却总是没法超越李白。这也难怪，要想用李白擅长的方法比过李白，那等于天方夜谭，刘禹锡要找到自己的道路才行。

政治上不断被贬谪，为他更好地接触民间提供了便利，但刘禹锡还需要时间去消化。早在元和四年（809），刘禹锡被贬到朗州，他在阳山庙观看冬日祭神祈福的赛神会上，就看到当地人挽着手臂踏地唱竹枝词的场面，并兴奋地写下："日落风生庙门外，几人连踏竹歌还。"只不过这时候他更多的是作为一个旁观的记录者，而没有亲自参与进去。

毕竟刘禹锡想要参加的是革新大唐，而不是去祭神，虽遭贬谪，刘禹锡心中的热血并没有一下子消尽。但是接二连三的打击扑面而来。他自己"永贞革新"失败不说，他的朋友甚至被军阀残忍杀害。

这个不幸的朋友叫丘绛，跟刘禹锡同年考中进士，在魏博节度使田季安手下做事，跟同僚争权，田季安生气了，后果很严重，他把丘绛贬为县尉，然后派使者召见，并在路边挖好坑。丘绛还不知道悲惨的命运等着他，以为田季安是不是回心转意了，正高兴地赶回来，被人按在土坑里活埋了。

刘禹锡听到这个消息，不胜悲愤。当时社会的主要矛盾是朝廷跟军阀之间的拉锯战，刘禹锡被朝廷疏远，和丘绛得罪节度使，虽然都很不幸，结果却完全不同。刘禹锡为丘绛写了哀悼诗，开头两句就说："邺下杀才子，苍茫冤气凝。"劈头盖脸，呼啸而来，刘禹锡的愤怒可想而知。但除了写下这首诗，他还能做什么呢？

险恶的社会环境，使刘禹锡对薄命红颜有更多的关注。刘禹锡有个好友叫房启，曾经得到一名弹筝女艺人，后来房启四处做官，这名女艺人就跟随他转徙各地，房启为她找最好的老师教她，好不容易学成，她却不幸夭折了。

刘禹锡听说这件事，很感慨，因为这位女艺人也是随着房启来到南方而死去的，"来自长陵小市东，舞华零落瘴江风"，跟刘禹锡贬谪南方何其相似，难免勾起他的伤心事，也让他担忧自己的命运："我会不会也跟这位女艺人一样，好不容易寒窗苦读，学好本领，却没来得及施展才华就被贬死南方呢？"从他"长嗟人与弦俱绝"的深沉感慨来看，刘禹锡的带入感是比较强烈的。

死去的艺伎令人感慨，活下来的是不是就幸运一些呢？也很难说，刘禹锡遇到的泰娘就比较有代表性。她原来是韦夏卿家里的歌姬，从苏州买来的，让老师教她弹琵琶，又让她学习唱歌跳舞，没多久就都学会了。没过一两年，韦夏卿把她带到长安，泰娘又开始学习长安流行的歌舞音乐，并且获得了很大的成功，受到人们的称赞。韦夏卿去世后，泰娘流落民间，很久之后才被另一位地方长官买去，并随他一起漂泊到朗州，结果他一命呜呼，泰娘就被留在荒远的朗州。

朗州百姓的口味跟长安权贵不同，他们也不知道泰娘色艺双绝，泰娘只能抱着乐器哭泣，声音很悲伤。刘禹锡听说这件事，就把她的经历写成乐府诗。诗的结尾说：

举目风烟非旧时，梦寻归路多参差。

如何将此千行泪，更洒湘江斑竹枝。

这种风景不同、江山各异的心情，也是刘禹锡被贬谪到朗州的真实写照。他在为泰娘惋惜，也就是对自己未老被弃、无人引荐的遭遇而痛苦呐喊。

以歌妓遭遇自比的写法，在《代靖安佳人怨二首》中表现得更为明白。当时，刘禹锡的朋友武元衡担任宰相，坚决主张削藩，淄青节度使李师道就派刺客潜入长安，等待时机。

元和十年（815）六月三日，武元衡出门去上朝，因为天没亮，点着蜡烛，有人在暗中说："快把蜡烛灭掉！"骑在前面的护卫就跑去叱责，被刺客射中肩膀。躲在树荫中的刺客突然出击，朝武元衡的左腿砍去，其他护卫已被刺客赶跑，刺客就驾着武元衡的马，往东南方向跑了十几步，趁着天黑无人，把武元衡残忍地杀害了，还把他的颅骨砍掉带走。

等到那些跑去叫人的护卫回来时，武元衡已经倒在血泊之中，没有了呼吸。

当时主张削藩的另一位大臣裴度，也被刺杀，只不过他运气比较好，只是受了伤，没有性命之虞。刺客很嚣张，在官府门前留下字条，上面写着："毋急捕我，我先杀汝！"

如果说丘绛被害，已经足够残忍，那么武元衡作为宰相在首都被刺杀、裴度作为御史中丞被刺伤，更是震动中外。

更让人气愤的是，第一个站出来主张捕捉凶手的白居易，反而被贬谪做了江州司马！

刘禹锡只好用"适来行哭里门外，昨夜华堂歌舞人"的歌妓身份，来表达对武元衡事件的悲痛和愤怒。刘禹锡的做法，对白居易《琵琶行》、苏轼定惠院海棠诗的创作，都有不可估量的启发作用。

政事的难以有为，使刘禹锡注意到民间的重要艺术形式，即竹枝词。他在《洞庭秋月行》中说："荡桨巴童歌竹枝，连樯估客吹羌笛。"陶醉在竹枝词的歌声中，刘禹锡的心灵得到了一定程度的平静，以至于怀疑"夜来清景非人间"。那一场洞庭湖上的竹枝夜歌，使刘禹锡有远离人间纷杂的体验，充分说明了竹枝词的艺术魅力。

但竹枝词毕竟有浓郁的南方色彩，对刘禹锡来说，需要一个适应的过程，他说："日暮江头闻竹枝，南人行乐北人悲。"就说明自己的着眼点跟南方本地人不太一样。

稍微懂点方言的朋友都知道，南方方言不仅种类众多，而且差异极大，这对刘禹锡来说可不是个好事。虽然他有极强的音乐欣赏力，但如果听不懂竹枝词的意思，就跟看英语电影没有字幕一样，是很痛苦的。

我们可以举《插田歌》为例，这是刘禹锡被贬为连州刺史的时候所写，他登上郡楼，看见村落里的人在田里劳动，农夫穿着绿蓑衣，农妇穿着白纻裙，一边劳动，一边唱歌。刘禹锡无奈地说：

但闻怨响音，不辨俚语词。

时时一大笑，此必相嘲嗤。

他只能听到悲切嘹亮的歌声，但是听不懂俗语是什么意思，只能通过他们不时的大笑声，来猜测是在互相戏谑，这跟我们课堂上听不懂老师的冷笑话却不得不跟其他同学一起发笑，有什么不一样？尴尬死了。

更可怕的是，刘禹锡本人就特别喜欢开玩笑，现在居然因为语言不通而听不懂玩笑，那太受煎熬了！

这让刘禹锡想起了听竹枝词时的感受，这些田歌"嘤伫如竹枝"，它们语言奇特难懂，跟竹枝词一模一样！

刘禹锡决定向民间高手学习。他在《竹枝词九首》序中说，竹枝词要用笛、鼓伴奏，唱的人扬起袖子望天而舞，谁唱得多谁就赢了。刘禹锡仔细分辨，发现跟吴地民歌有某些相似处，而他的父亲曾在苏州做官，刘禹锡从小在苏州生活。靠着吴地民歌的底子，刘禹锡加深了对竹枝词的理解。

刘禹锡还说，竹枝词虽然语音陋下（这其实是偏见）难分，但有婉转的情思，跟《诗经》"桑间濮上之音"有异曲同工之妙。这是在以经典的《诗经》为自己喜欢竹枝词找理由。

可是还是听不懂啊，怎么办呢？

刘禹锡想到了屈原改写《九歌》的事情，是把鄙陋的原词改为比较雅顺的新作品，这就为刘禹锡提供了新思路，决定按照竹枝词的音乐，来填写新歌词。刘禹锡对此比较自得，他在离开夔州的时候，还把竹枝词创作当作一个亮点来宣传，自豪地说"唯有《九歌》词数首，里中留与赛蛮神"，《九歌》词就是指他写的竹枝词，他要把这些竹枝词留给乡人演唱，无疑比柳宗元留下一条愚溪更接地气。

这次的竹枝词创作，刘禹锡不再是旁观者了，他完全把自己跟民风融合在一起，用七绝的格式来写作。他以前的乐府诗创作基础首先体现出来，像这首诗就体现得比较明显：

山桃红花满上头，蜀江春水拍山流。

花红易衰似郎意，水流无限似侬情。

有时候又体现文人喜欢翻案的习气，比如对三峡猿声能断人肠的说法进行否定：

个里愁人肠自断，由来不是此声悲。

但更可贵的是对风土人情的描写：

山上层层桃李花，云间烟火是人家。
银钏金钗来负水，长刀短笠去烧畲。

前两句指出夔州地势高耸的特点，夔州就是重庆一带，属于山城，很多地铁都在高楼间穿梭，刘禹锡很好地写出了其地理特征。后两句写人情，夔州少数民族是女子背东西较多，而男子刀耕火种，这与中原文化中男子做体力活不太一样，也跟精耕细作差别较大。但刘禹锡把它写进竹枝词中，可见是比较尊重不同地区的习俗的。

正是经过这样不同形式、习俗的转变，等刘禹锡准备离开时，还设想"今朝北客思归去，回入纥那披绿罗"，要把竹

197

枝词跟其他曲调做进一步的沟通与融合。

　　也正是在充分保留自身特色、尊重民间高手的基础上，刘禹锡创作出了独树一帜、无人能够取代的新竹枝词，其中最重要的代表作就是这一首：

　　杨柳青青江水平，闻郎江上唱歌声。

　　东边日出西边雨，道是无晴却有晴。

　　其意蕴之丰盈，情思之波折，对谐音梗的精准把握，对太阳雨的浪漫赋格，都跟李白的"青梅竹马""两小无猜"不分上下，而长久地留存在我们的民族血脉之中。

白居易：寻找安全感的男人

在宰相可以被刺杀、才子会被杀害甚至连皇帝也可以死于非命的中唐，白居易活了七十五岁，可以说相当高寿了。

七十五岁，在医疗技术比较发达的今天，并不稀奇，但在古代，却是"人生七十古来稀"，我们熟知的李白、杜甫未到六十岁就去世了，刘禹锡算较为长寿的诗人，也只活了七十一岁。白居易是怎么做到的呢？为了做到这些，他失去了什么，又获得了什么？

白居易外祖母活到七十岁，可见白居易是有长寿基因的。外祖父去世后，外祖母就依靠白居易一家生活，他的童年是在外祖母陪伴下度过的，所以白居易在她的墓志铭中说自己和弟弟都是她"鞠养成人"的，而她文化水平也较高，"善琴书"，这对白居易的教育是很有利的。加上白居易的母亲也"昼夜教导"，从来不呵斥、体罚孩子，白居易很早就会认字、写诗。

据白居易自己说，他出生才六七个月，奶妈抱他在书屏下玩，有人指着上面的"无"字、"之"字教他，他虽然不能说话，心中却暗暗记下来，别人问他"无"字是哪个，"之"字是哪个，他每次都不会指错。这说明白居易家不仅文化氛围浓厚，而且他自己也是早慧儿童。

早慧儿童跟着长寿的外祖母度过童年，受其影响自不待言。

诗歌创作锻炼了白居易的观察力，使他对自然的盛衰有更深的体会。他十六岁那年，就创作出了一首著名的五律《赋得古原草送别》，前四句尤其脍炙人口：

离离原上草，一岁一枯荣。
野火烧不尽，春风吹又生。

虽然诗中以野草荣枯来比喻对朋友的思念之情不会消歇，但就野草本身的荣枯现象来看，白居易是参透了其中奥秘的，野草不过是地下根茎长出来的叶子，根本所在，是肉眼难以看见的。

后人附会这首诗，讲了个小故事，说白居易去长安拜见顾况，顾况拿他的名字打趣："你叫居易，可是长安油米太贵，房租太高，居住很不容易。"

看到这首诗，顾况赶紧改口说："能写出这样的好诗，在长安立足不成问题。"

学者考证，顾况跟白居易是不可能在长安相遇的，这个故事纯属虚构。

实际上，作为大诗人，顾况也不可能把"居易"这个名的内涵错会得如此荒唐，从白居易字乐天来看，"居易"并非居住容易的意思，而是很容易就能住下，也就是"乐天知命"、随遇而安的意思。

随遇而安说来容易做来难，它需要真正有本事才能达到，而野草看似随着季节转换而生死荣枯，实则根本所在不曾动摇，这跟白居易的人生信念是一致的，对于他安身立命自有启发。

因为弟弟金刚奴和父亲相继过世，白居易按照礼制，给父亲守丧三年后，才开始参加乡试，顺利通过之后，他在回去看望亲人的路上，写了广为传颂的名句："田园寥落干戈后，骨肉流离道路中。"把经历过战乱的心境，形象而沉痛地表达出来，成为时人的共同体验，这应该是他后来关注现实题材的一个较好的开端。

备尝艰辛，也不是没有好处，起码白居易明白了生命的脆弱，这种脆弱不仅仅是自己身体的健康所能决定的，也跟外部社会环境密切相关，使他较早地关注到人与国家的共同命运。

通过乡试后，白居易又顺利通过州府考试，取得了乡贡的资格，可以进京参加进士考试了，并在二十九岁一举及第，成为考中进士的学生中最年轻的一位。

白居易考得那么晚，却成功得这么早，弯道超车的原因在于苦学。他曾经在给好朋友元稹的书信中回忆早年苦学的经历，沉痛地说："我十五六岁才知道要考进士，就开始苦节读书。二十岁以后，不分昼夜，连睡觉的时间都被挤占了，背书太多连舌头都生疮了，伏案太久连手肘都起茧了，结果成年了还很瘦弱，年纪不大白发倒挺多，眼珠子里好像常常有无数飞蝇遮挡视力。"身体这么差，白居易总结说，大概就是"苦学力文所致"，这种并不强壮的体格，使白居易后来每每急流勇退，对健康特别关注。

刻苦学习并获得成功，使白居易深感外部因素对人性的影响，这也使他更好地体味到人生至理。据说他考进士的时候就写出"性由习分"的名句，这话虽然来自"性相近习相远"，却在概括浓缩的基础上体现出后天学习对人性塑造的重要作用，在原文的基础上已获得长足的进步，颇有存在主义哲学的味道，难怪大受主考官的喜爱。

考中进士之后，白居易还要经过吏部考试，才能任职。吏部诠试主要包括身、言、书、判四个方面，其中判词最关键，为此，白居易跟柳宗元一样，开始"刷题"，仅他的文集中保留下来的判文就有一百零一条。

后来白居易要考制举，用的也是这个办法，只不过是跟元稹一起"刷题"，这在我们今天看来可能有题海战术之嫌，但白居易都一战而捷，说明"刷题"在当时还是比较有效的。白居易准备的这些题型和答案，还成为时人学习的范文，据说比他的诗歌还受欢迎。

通过吏部考试后，白居易担任校书郎。这一段时间他虽然租房上班，但"三旬两入省"，一个月才打卡两次，使他能够休养生息，把之前苦学损耗的健康补回来一些。

白居易此时的生活，简直不要太爽。长安是繁华的都市，鸡叫响起之后人们就开始忙碌了，但白居易却直到日上三竿还没洗漱，这小日子过得比孟浩然还舒服！虽然租了几间房，却有一匹马和两个仆人，每月的工资有一万六千，除去生活开销，还能结余。既不用担心衣食，也没什么复杂的人际关系要处理，窗外有几竿竹子，门外就是酒铺，这样优哉游哉的生活，"遂使少年心，日日常晏如"。

难怪大家都要考进士，这样的生活谁不想过？

因为考进士较晚，有些学者指出白居易在符离镇有一位初恋叫湘灵，他们虽然相爱，但因为礼法等问题，无法结婚。应该说，湘灵姑娘陪他度过了考试路上的艰辛，在白居易还是丑小鸭的时候，给了他温暖和爱，白居易在《怀湘灵》诗中说：

艳质无由见，寒衾不可亲。

何堪最长夜，俱作独眠人。

可见他们曾经一起度过美好的同居生活，但最后还是和平分手。白居易在离开符离镇的时候写了一首诗，诗中诉说两人无法直言的相思之苦，末尾总结说"彼此甘心无后期"，所谓的"甘心"，自然含有不甘之意，但终归还是分开了。

三十五岁时白居易出任周至县尉，但他还没结婚，这在今天来看已经属于大龄未婚男青年了，何况古代！白居易自己也着急，有一次对着新栽的蔷薇说："少府无妻春寂寞，花开将尔当夫人。"少府是县尉的别称，用来自指，白居易要等到蔷薇开花，把蔷薇花当作老婆，这虽然打开了后来林和靖梅妻鹤子的灵感，但"剩男"白居易的寂寞之情也由此显露无疑。

直到三十七岁，白居易才跟杨汝士的妹妹完婚，生孩子的时间就更晚了。晚婚晚育对白居易的影响是显而易见的，让他更加珍惜自己的身体。

对政局的失望也使他不断想要急流勇退。唐德宗以来，皇帝日益依仗宦官来统率皇家军队，导致宦官权势很大，很多时候决定着皇帝的废立。比如，唐宪宗上台，就是宦官支持的；以至于有一次元稹跟宦官在驿站争夺好房间，被宦官打伤，结果却是元稹被贬官，白居易上书也无法改变唐宪宗的决定。

由此可见，宦官手握兵权后，对朝士打击很大，甚至唐宪宗晚年服用金丹，导致性情暴躁，也是被宦官杀死的，真是养虎为患。

宦官之外，藩镇割据在唐宪宗的严厉打击下有所收敛，但宪宗一死，游手好闲的唐穆宗很快就毁掉了"元和中兴"的事业，藩镇重新蠢蠢欲动起来。更要命的是，朝士本来已经处于宦官、藩镇的多方包围之下，内部却还不团结，因为科场考试不公，引发了长达几十年的牛李党争，使大唐元气大伤。

才五十五岁的白居易，就因为厌倦官场，经常生病，想要提前退休，他在一首诗中问自己："既无可恋者，何以不休官？"进行了几个月的思想斗争后，白居易向朝廷请了一百天的病假。在唐代，如果官员请假超过一百天，就意味着自动休官，可见白居易退休之意已决。

但不久白居易的好友裴度又入知政事，白居易来不及休官，得到新的任命，只好去长安担任秘书监。等到形势一有变化，白居易便又想休官，直到大和三年（829）才真的以太子宾客分司东都的身份，开启了蛰居洛阳的晚年生活，算是实现了退隐的心愿。

这对于他调养身体、安度晚年，具有极大的作用。而他在长安和洛阳先后购买的房子，也就派上了用武之地。尤其是洛阳的宅邸，经过白居易的装饰，风景优雅，非常适合养老。

白居易的这种生活姿态，很容易让我们想起王维。对于王维的退隐和做官的矛盾，我们分析的时候颇多苛刻，主要是因为他生活的时代尚有可为，而白居易生活的时代，大唐已经烂透，稍不留心，便有性命之虞，连皇帝也不能幸免。

在这种特殊情况下，白居易提出了"中隐"的生活方式，他在诗中说，住在朝市之中大隐，过于喧嚣，跑去山丘中小隐，又过于冷落。不如以留司官这样的闲散官员身份，过中隐的生活，像是做官又像是退隐，看似悠闲又不悠闲。既不用耗费心力去钻营，也有一些俸禄可以满足衣食之需，"唯此中隐士，致身吉且安"，不用担心危险，这才是中隐最大的意义。

白居易深知"人生处一世，其道难两全"，因此抛弃了理想的桃花源的追寻，而选择折中的方案，对中国古人的影响极其深远。

值得注意的是，这种看似矛盾的生活状态，颇有尸位素餐之嫌，但换个角度来看，也未尝不是时刻准备着，一有机会就能出山重新做事。

想要过上中隐生活，内心的安宁是最需要解决的问题，白居易因为上书要求追查刺杀武元衡的凶手，而被贬官。但白居易的行为本身没有违法，因此执政者别出心裁地对他加以污蔑，说他母亲因为看花，不小心掉到井里被淹死，白居易居然写《赏花》《新井》诗，一点孝心也没有，这种不孝之子还能当官吗？

这个理由真是让人想爆粗口，稍微有点常识的人都知道成年人因为看花掉进井里的概率几乎为零，但白居易的母亲确实去世了，他跟李贺一样，不能争辩，如果要争辩，就需要证明他母亲是怎么去世的，这等于让死者无法安宁，执政者就可以拿此事反将一军。总而言之，这个污蔑真是绝了。

白居易无法争辩，只好接受贬官的处分，原来只是被贬为江表刺史，但总有人想要落井下石，当时的中书舍人王涯就说白居易这个不孝子没资格担任治理州郡的地方长官，就把他进一步贬为江州司马。

倒是王涯，靠着迎合的做派，后来成功当上了宰相，直到"甘露之变"发生，他被腰斩在独柳树下，家人也被诛杀，家产也被没收，为他的一生画上一个句号的同时，也不禁让人生出更大的问号：这样的一生，究竟图个啥？

反观白居易，贬为江州司马后，除了写出脍炙人口的《琵琶行》之外，在精神世界也获得痛苦的涅槃，他告诉自己要作息规律，饿了就吃饭，渴了就喝水，白天起来，晚上入睡，生病了就卧床休息，死了就拉倒，"无浪喜，无妄忧"，心态平和地面对每一天的生活。这样带来的结果是，担任江州司马的三年，让白居易身体更为康健，心灵世界也更为安宁。家人们也都没有生病，还因祸得福，终于有机会团聚在一起。

在白居易看来，心理健康最重要，他说"人情爱年寿"，大家都想长寿，要怎么做到呢？除了天命之外，一要知足，二要安心，怎么安心，他提出了道家和佛教的养生方法，这样一来，做官的时候就不会讨厌喧闹，隐退的时候也不会眷恋红尘，才能安心地过好眼前的生活，有兴致就喝喝酒，没事情就关起门，深夜安静打坐，一觉睡到太阳晒屁股，秋夜不会感叹夜晚太漫长，春天不会惋惜青春虚度，总而言之，就是"自吾得此心，投足无不安"。

白居易的这个做法，后来被苏轼概括为"此心安处是吾乡"，对于缓解我们当代人的焦虑、失眠等病态心理情绪，也有一定的帮助。

对于白居易来说，诗歌也是他抵挡外部世界冲击、厮守心灵平静的妙法之一。白居易写诗可以魔怔到什么程度？有一年春天，白居易跟元稹在城南春游，两个人在马上诵读最近写的"新艳小律"，一路上二十多里，两人就没停过，其他人插不进话，以至于"知我者以为诗仙，不知我者以为诗魔"。这种完全投入到诗歌中去的状态，已经紧紧地抓住了白居易的心，他哪里还有杂念可以沉渣泛起呢？

在某种程度上来说，诗歌确实可以摆脱人的主观意图，而以灵感的方式占据诗人的心灵世界，使之随物赋形，达到忘我的境界。以白居易的《长恨歌》为例，陈鸿在《长恨歌传》中说白居易创作《长恨歌》，是要在感叹李杨爱情的基础上，"惩尤物，窒乱阶，垂于将来"，也就是发出红颜祸水的警告。可是我们去读《长恨歌》，根本没有什么惩戒之意，只是被诗中所描绘的李杨爱情悲剧所打动。不仅我们如此，白居易也这样看，他自己评价说"一篇长恨有风情，十首秦吟近正声"，把《秦中吟》视作惩戒的正声，而把《长恨歌》看作风情之作。这就说明《长恨歌》的创作，已经让白居易跳出了原来的主观意图，而获得了自己的生命力，这也是其成功的原因所在。

诗人不过是作品诞生前的母体，这对诗人来说，是一种奇妙的体验和放松。

诗歌是用来抒发情志的，因此可以通过诗歌写作疏导情绪。长庆二年（822），白居易对唐穆宗深感失望，也减少了诗歌创作，他自己说是"诗多听人吟，自不题一字"，乱政导致的结果是"平生好诗酒，今亦将舍弃"，诗酒一断，白居易的衰病就"日夜相继至"了，从一个侧面说明诗酒对健康的重要意义。

通过诗歌抒发情志，尤其是报国之志，代表作还是他的新乐府作品，这些"唯歌生民病，愿得天子知"的讽喻诗，虽然其中不少诗作的艺术性大大降低，但少数作品确实令人感动。据白居易说，有个叫唐衢的布衣诗人，"见仆诗而泣"，读白居易的诗就流下了感动的泪水。

当然，唐衢这个人本来就善哭，他一开嗓子，听的人都会一起落泪。有一次军中宴会，大家都很高兴，唐衢喝高兴了就开始哭，哭得大家都没心思喝酒，只好罢宴。相比于唐衢的哭，白居易的讽喻诗情绪更为缓和一些，也更有利于健康，而唐衢则在读讽喻诗落泪后不久，就去世了（白居易后来欣赏李商隐，想要做李商隐的儿子，死后也要李商隐来给他写墓志铭，可能也是因为李商隐"善为诔奠之辞"，也就是很容易感伤、哀愤），老是情绪激动地哭，恐怕是原因之一。

白居易长寿的秘诀，我们试着从身心、写作等方面加以介绍，但究竟跟长寿有没有关系，具体是什么关系，是很难真正弄清楚的。白居易虽然高寿，自己对此也有迷惑，他在一首诗中说：

颜回与黄宪，何辜早夭亡？
蝮蛇与鸩鸟，何得寿延长？

物理不可测，神道亦难量。

举头仰问天，天色但苍苍。

唯当多种黍，日醉手中觞。

　　贤良之人却早死，恶毒之物却长寿，这究竟是什么道理呢？白居易的诗中含有"好人不长命"的愤慨，但他的疑惑却是真的疑惑，哪怕仰头问青天，也得不到答案，只能喝酒忘忧，继续寻找安全感了。

李冶与薛涛：乱世佳人，两种结局

与刘禹锡、白居易等人相前后的女诗人中，李冶和薛涛是代表。她们除了生活时代比较接近之外，还有很多共同点，比如年寿都较高，都漂泊在故乡之外，都写得一手好诗，但她们更是不同的个体，最大的差别在于结局不同。

李冶是我的乡贤，后来前往长安谋生，碰上朱泚叛乱称帝，就给朱泚写了一首诗。唐德宗收复长安后把李冶抓来，对她说："看看你都写的什么诗，为什么不能写些'心忆明君不敢言'的诗句呢？"一怒之下就把她杀了。

是谁让李冶来长安的呢？正是唐德宗！就这一点，他也算不得明君，李冶被杀实属无妄之灾，何况叛军占据长安的时候，李冶能写"心忆明君不敢言"之类的诗吗？"不敢言"不已经是明言了吗？唐德宗自己不把长安守住，靠诗人尤其

213

是女诗人来守长安？这个神逻辑我们真的欣赏不来。

而薛涛就不同了，她原是长安人，后来流落到四川，也曾被地方长官推荐去朝廷担任校书郎，但副官没有同意，最终一辈子在成都度过，跟十一任四川地方长官打过交道，后来活到七八十岁，寿终正寝。

这两种截然不同的人生结局背后，有没有值得我们去探究的原因呢？通过阅读她们流传下来的不多的作品，我们发现，尽管李冶是无辜的，却也要在一定程度上反思，而薛涛则走出了一条更值得我们肯定的人生之路。

李冶虽然被称作"女中诗豪"，但她的诗歌似乎总跳不出男女之情。有一次生病，"茶圣"陆羽去看她，她还没开口，眼泪就落了下来。陆羽跟她一起喝酒、吟诗，努力想让她释怀一点，结果她却说："偶然成一醉，此外更何之？"话说得很豪气，但总是透露出想要寻找依靠的意思，难怪有人评价说"有飞鸟依人之意"，确实没错。

另外一次写信给一位老兄，他在朝廷担任校书郎，李冶开头就说自己在家乡百无聊赖，不觉就到了年关。因为无事，所以想象老兄在长安寂寞的时候会做些啥。李冶用非常诗意的语言描绘出"远水浮仙棹，寒星伴使车"的动人画面，暗示繁华的长安会给他带来出行的乐趣，其中恐怕也难免会有低级趣味的事，不过李冶并不吃醋，她只是想这位老兄出行之余，能够给她写写信。原来最寂寞的，是她自己。

朱放是当时的著名隐士，李冶给他的诗中连用三个"相"字：

> 相思无晓夕，相望经年月……
> 别后无限情，相逢一时说。

从"相思"到"相望"再到"相逢"，无不显示出李冶的盼望重逢之情，这固然说明他们对友情的珍惜，也说明李冶情感之丰沛。她的大部分送别诗，都是这类思念别人，也期待别人不忘自己的主题。

如此重情，源于李冶对万事的灰心，她跟一位崔侍郎就说到这一点，浮名、官位都是没用的，时间飞逝，转瞬成空，想要学返老还童之术也都失败，那么学佛呢，李冶也不看好。既然一切都是难定的，那李冶特别惜情的心情我们也就不难理解了，似乎这才是无常世界唯一能把握的，而这种热切期盼，也从侧面告诉我们，她在生活中是多么缺乏安全感，甚至可以说是缺爱。

李冶是女道士，虽然能写诗，地位却跟艺伎差不多，总希望能够讨好别人，获得认可。有一次她跟萧叔子听人弹琴，写了一首诗，诗的结尾说"愿作流泉镇相续"，希望自己能够成为不停歇的流泉之声时刻相伴他，又回到讨好男人的老路子上去。至于她直接创作的相思之作，更是触目皆是。

女道士等同于娼妓的社会现实，使她也不太可能获得真正的爱情。她的情人阎伯均有一次去剡溪，她就在苏州送别他，嘱咐他不要忘了自己。后来收到他的来信，读完很惆怅，泪水流个不停，看来情人最终没有实现承诺。

这些打击，使她看破人世冷暖，她曾说"至亲至疏夫妻"，虽然她不太可能结婚，但所遇有妇之夫应该不少，有这样的感悟很正常。她自己也并不循规蹈矩，她在埋怨一位情人的时候写"抛妾宋家东"，说自己被抛弃到宋玉的东家，而宋玉说这位东家的美女偷看了他三年，所以李冶生活上应该也不老实。

刘长卿有疝气，李冶宴会上就嘲笑他："山气（谐音疝气）日夕佳？"刘长卿也不甘示弱，回答她："众鸟欣有托。"能够这样开荤玩笑，她的日常生活也就不难想象了。

李冶的诗中充满相思，似乎一往情深，但对谁都一往情深，实际上也就等于无情，这种心态就是她自己概括的"心云并在有无间"。

她因为写诗出名被招到长安去的时候，还给扬州的旧友写了一首诗，诗中说自己"驰心北阙随芳草，极目南山望旧峰"，一边忙着去见皇帝，另一边又无法割舍很多旧友。这固然是不因富贵而改变初心的好事，但结合她想要讨好所有人的心态，我们自然会萌生一个疑惑：当她所要讨好的男人之间出现问题的时候，她怎么办呢？她既然处处留情，肯定不会得罪任何一方，那就不好办了。

如果是任何其他两个男人之间的矛盾，李冶的这种处置方法都没问题，遗憾的是，她在长安遇到的两个男人是唐德宗和朱泚，一山不容二虎，只能其中一个是皇帝。她给两个人都写好诗，必然会得罪其中一个。当她称赞朱泚时，即便是她惯用的伎俩，到唐德宗眼中也会变味，引发雷霆之怒。

李冶的悲剧，是一个无法自力更生、只能讨好所有男人的才女悲剧，她当然是无辜的，但也不是无因的。

薛涛的视野比李冶宽阔多了。她虽然也有相思、自怜、送别之作，但总是含有难以抑制的萧散之气，比如这首：

花开不同赏，花落不同悲。

欲问相思处，花开花落时。

　　这种萧散之气，使她很能超越一己之欲，而为相思群体代言。古代西南地区有竹王的传说，据说一位女子洗衣服时，有一根大竹从水上漂来，她触摸了一下，就怀孕了。这跟生殖崇拜有一定的关系，竹王因此带有保佑夫妻、促进生育的作用，人们纷纷建立竹郎庙，薛涛写诗说："何处江村有笛声，声声尽是迎郎曲。"把众多女性的相思、生育等心愿都写进诗中，而不仅仅只是关注自己的悲喜。

　　关于夫妻情感，李冶的看法是很极端的，薛涛则大不相同。她相信夫妻情深，她的朋友李郎中丧妻，她就用潘岳写悼亡诗的典故鼓励他："安仁纵有诗将赋，一半音词杂悼亡。"

　　有一次薛涛看见池上有两只鸟儿，它们都栖息在池上，早上飞出去觅食，晚上回到窝里。一般的写法，用鸟儿成双来暗寓自身流离，薛涛不同，她笔锋一转说："更忆将雏日，同心莲叶间。"她想起它们带孩子的时候，两只鸟儿也是这样同心协力，这就告诉我们，薛涛并不认为只有女的才要教子，男的也一样，就像这两只鸟儿共同经营它们的小窝一样。

薛涛的思想含有男女平权的因素，在当时比较超前。

跟李冶大多与单人交往不同，薛涛喜欢与诸人唱和，如《宣上人见示与诸公唱和》，这就避免了单独接触男子的尴尬或误会。

薛涛甚至会在诗中主动避嫌。有一年春天，薛涛好不容易出来春游，写了一首诗送给孙处士，害怕被人以为她不是踏春看花，而是趁机有些其他想法，就在诗中说："满袖满头兼手把，教人识是看花归。"薛涛头上戴的、袖子里装的、手上拿的全是花，这样人们总不会再说闲话了吧，只是可惜了这么多的花被摘了。

薛涛还经常不忘告诫友人要操劳国事，她也尽情歌颂有治理业绩的地方官，比如李德裕，薛涛就借甘棠来夸赞他："日晚莺啼何所为，浅红深腻压繁枝。"用甘棠花的繁茂，来颂扬李德裕给四川做出的很多贡献，延续了《诗经》的传统。而对于成都尹王播，则通过"十万人家春日长"的诗句，期待他能善待四川百姓。

薛涛对于平叛战乱的功臣更是大加赞美。比如，高崇文讨平刘辟之乱，她就赞美他"始信大威能照映，由来日月借生光"，不仅歌颂他的威望使自己生活的四川重获和平，更让日月增添光彩，等于是在夸他护国有功。这种见识，比李冶高了不少。

对于误国殃民的君王则进行无情鞭笞。有一次薛涛拜谒巫山庙，就用"朝朝夜夜阳台下，为雨为云楚国亡"的诗句来批评楚王。

薛涛也批评寻欢作乐不计后果的行为，她看见鸳鸯草，就写道："但娱春日长，不管秋风早。"它们只知道在春风中欢愉，却不为后面的秋霜做打算，那只能让它们的秋天来得更早了，说明不计后果的娱乐，只会加速衰落。

这些行为，使她的视野由个体扩大到家国，使她无愧于"女校书郎"的称号。她勉励友人努力学习，争取考上功名，对于已经考上的韦校书郎，则深表羡慕，说自己哪里能跟他相提并论（《酬韦校书》）。

如果她有机会参加科举，恐怕会有更大作为。她在陪王播聚会的宴席上，写了吟咏早菊的诗歌，说早菊是：

自有兼材用，那同众草芳。
献酬樽俎外，宁有惧豺狼。

既指出早菊无所畏惧之态，也写出它不是摆设的花瓶，而是有多种用途的，这其实也是她自身的写照。但她又不像考生完全沉迷在科举中，她在给一位秀才的诗中说："诗家利器驰声久，何用春闱榜下看？"指出诗歌声誉比考中进士更重要。

　　受时代对女性的局限，她只能渴求自由，像"旋摘菱花旋泛舟"之类的采莲活动，她也只能想象，而很少实现。更多的是在被许可的范围内活动，增长见识。比如斛石山，她原来以为王宰的画都画到了，"今日忽登虚境望"，才知道那千万峰峦岂是图画能够画完的！并在这有限的范围内寻求自我的独立性，她在《蝉》中说"声声似相接，各在一枝栖"，写蝉声好像连接在一起似的，但蝉却有各自的枝丫，来表现她跟诗友们同声相应却又各自独立的高贵品格。

　　更重要的是，薛涛并不一味讨好男人，她的诗中有好几首被发配边疆的作品，恐怕就是跟长官不合带来的。她有两首《罚赴边有怀上韦令公》，诗中有"闻道边城苦，而今到始知"，看来她是动身被流放了。她不想把自己的歌声唱给将士们听，这是在希望"韦令公"韦皋能够赦免她，看来她得罪的人可能就是韦皋。

韦皋这个人不厚道，曾经想从王叔文那里获得好处，被王叔文拒绝后，又加害王叔文，跟宦官勾结，让唐顺宗下台，促使"永贞革新"夭折。这样一个反复无常的人，发配一个营妓，是很有可能的。

薛涛得罪韦皋的具体原因，我们很难搞清楚了，值得注意的是，为了求得原谅，薛涛并没有卑躬屈膝，她搬出了共同的敌人来说事，她说吐蕃还不服从朝廷，战火并没停息，如果真的要把她流放到边境，那么韦皋总得把敌人打退吧？薛涛当然没有这么直白地表露此意，而是委婉地说："却教严谴妾，不敢向松州。"边境未安，她就算想赴边，也不敢去，就算敢去，也去不了。这实际上并不是求饶，而是换了个方式继续抗争。可能薛涛跟韦皋的矛盾比较严重，应该不是个人过节这么简单。

韦皋虽然在安抚四川、抵抗吐蕃方面有一定的业绩，但渐渐不服从朝廷的管制，他去世后，手下将领刘辟干脆抵制朝廷任命，被高崇文讨平，如前所述，薛涛写诗称颂高崇文。

没想到，这高崇文却把四川搜罗一空，百姓怨声载道，后来武元衡过来治理四川，才渐渐使百姓安定下来。这时薛涛给武元衡写求助诗，说明韦皋可能并没有赦免她，到武元衡担任四川地方长官时才放她返回。

不管怎么说，罚赴边疆使薛涛的经历更加丰富，在客观上培养了她的气度，她在给武元衡的求助诗中说："揽辔岭头寒复寒。"境地固然凄凉，却让她像男儿那样揽辔骑马，使她诗中的气势更盛。比如，我很喜欢的一首诗：

凭栏却忆骑鲸客，把酒临风手自招。

细雨声中停去马，夕阳影里乱鸣蜩。

跟王维"相逢意气为君饮，系马高楼垂柳边"不相上下。如果没有这些流放经历，薛涛是很难写出这样大气的作品的。

有一次宴会上，有位黎州刺史行令，令文中要带"禽鱼鸟兽"，结果他说了句："有虞陶唐。"可见他并不知道"虞"跟"鱼"只是同音，不是一回事儿。

在座的诸人都忍住了笑，不去罚他，薛涛却不阿谀奉承，她说："佐时阿衡。"

有个人说她没讲到鱼鸟，要罚她，薛涛就说："我说的'衡'字中间不有个小鱼苗吗？使君大人的话里一条鱼都没有。"言下之意，为什么不罚他？虽然是个玩笑，从中也可以看出薛涛耿直的性格。

正是这样的耿直性格，有时候让她不能不主动教别人做男人。薛涛跟元稹有过争论，元稹当时出使四川，薛涛奉命去见他，但他们在掷注子的时候，薛涛误伤了他的侄子，惹怒了元稹，薛涛就写了《十离诗》，来表示自己是无心之过。比如她写竹子，本来是栽在玉堂中的，只是因为竹笋不小心钻破了墙，就被移走。从元稹给她的诗来看，应该是原谅了她，薛涛还把自己以前写的诗歌旧作寄给元稹，"与君开似教男儿"，让他拿去给他的男儿们学习，这真是对自己的英雄气概有很深的自觉和自信了。

她有一位朋友新担任御史中丞，薛涛送他返回长安，诗中就让他要有弹劾权贵的决心，其中一句是"别须台外振霜威"，让他不要把官威用在御史台外，这就有很丰富的含义，可以理解为他之前就喜欢议论朝中官员，颇有越俎代庖的嫌疑，现在可以大胆弹劾了，因为御史中丞的职责本来就是监督百官；也可以理解为在嘱咐他，让他不要用御史中丞的身份，在御史台外耀武扬威，欺负百姓，却不务正业。

还有一位郭员外想家，薛涛写诗宽慰他，同时严肃地跟他说："不止为舟也作霖。"让他不要过分沉迷乡愁，而要把他的才能发挥出来，像舟那样渡过河流，像雨那样浇灌干旱，来切实服务老百姓。

这就使薛涛超越了当时对女性的局限，在《赠远》诗中，她先说"闺阁不知戎马事"，征人的妻子不懂戎马战争，只能站在"望夫楼"上盼望征人归来。但第二首她就马上写"知君未转秦关骑，月照千门掩袖啼"，这位征人之妻一旦知道丈夫是在为王前驱，为国效力，便立刻阻止了召回丈夫的念头，因为只有丈夫这样千千万万的军人守卫，祖国才能平安，而妻子则选择了自我牺牲，掩袖啼泣。

这种境界，已经远非闺阁所能概括，其中折射着薛涛自己的精神品质。李德裕在四川建了筹边楼，薛涛这时年纪颇大，却气势不衰，形容它是"壮压西川四十州"，何等才力！又劝诫说："诸将莫贪羌族马，最高层处见边头。"用她多年来的亲身经历，劝告李德裕及其将领，不要因为贪婪而耽误大事，这又是何等识力！

薛涛曾说"卓氏长卿称士女"，薛涛自己也无愧"士女"之称。

薛涛也是这样要求自己的。她在给刘禹锡的和诗中，吟咏了木槿花。她说木槿花的枝条如此明亮光辉，别人想攀折它，却发现枝条四周的白槿花如云彩一样寒冷。木槿花没被折断，它不时拂过红房子，就像山脉上铺着余晖一样。薛涛是把自己比作白槿花了，白色跟红色叠映，成为山上余晖，这种光彩，就是她的诗歌文采，而余晖来自太阳，因此，薛涛在给刘禹锡的诗中表明了自己创作的动机是为了歌颂太阳，而太阳不仅有君王、国家的象征，更有温暖、美好之意，都说明了薛涛的广阔视野。

总之，薛涛的行为，无愧于她的字"洪度"，确实是宽宏大度。她尤其注重晚节，有一位朋友写了雨后竹诗，薛涛在和诗中说："晚岁复能赏，苍苍劲节奇。"用竹子到了寒冷的岁暮还能保持绿意，来跟朋友共勉，这也正是薛涛晚年生活的描绘。

除此之外，她还创制了一种专门用来写诗的纸，后人称作薛涛笺，这应该会给她的经济独立带来一些帮助，从而使她活出了自己想要的样子，比李冶、鱼玄机都更有启发意义。

杜牧：学成文武艺，货与"歌姬"家

作为中晚唐诗人中最具文韬武略的一员，我们对杜牧"十年一觉扬州梦，赢得青楼薄幸名"的印象太深刻，而忘了他的真本事。

即便是繁华的扬州，杜牧也曾因为照顾弟弟，而深居禅智寺，在一个秋天的黄昏，他走下小楼，望着远处车来人往的街道，写下"谁知竹西路，歌吹是扬州"的诗句。杜牧不仅见过扬州的繁华，也见证了它的清冷，就像他不仅见过歌姬的青春年少，也为她们的流落辗转写过诗歌，而扬州也好，歌姬也罢，也都经历着杜牧的激情和衰老。

杜牧曾给杜秋娘、张好好写过诗歌。有一次杜牧跟张好好重逢，张好好已经不再是歌姬了，而像卓文君那样当垆卖酒，她见到杜牧，吃惊地问："杜公子，您才三十多岁，怎么这么多白发呢?"

本来打算学成文武艺、货与帝王家的杜牧,没想到却不得不货与歌姬家,跟她们厮混,现实又是"夷狄日开张,黎元愈憔悴",邈矣远太平,焉得不速老?

可惜大多数人并不知道杜牧的真才实学,连跟他齐名的李商隐也不是真的懂他。大中三年(849),杜牧在朝廷担任司勋员外郎,李商隐恰好也在京兆府工作,就给杜牧写了两首诗,一首诗夸赞杜牧的《杜秋娘》诗写得好,另一首诗说他"刻意伤春复伤别,人间惟有杜司勋",把杜牧的伤春伤别诗推到最高的地位,但杜牧并没有给李商隐回诗。

不排除杜牧回了,但没有流传下来的可能,但最主要的,还是李商隐对杜牧的理解太片面。后人把他们称为"小李杜",以跟李白和杜甫的"大李杜"相区别,虽然杜甫给李白的诗,李白大多没有回复,但好歹他们曾经一起游玩过,杜牧不仅很可能没回李商隐,而且有没有一起交游过,也很难说(杜牧跟牛僧孺关系很好,李商隐本来受恩于牛党的令狐楚等人,后来立场不坚定,杜牧可能因此看不起他)。

后人把他们合在一起称呼,主要是出于诗歌水准的考虑。

杜牧的祖父杜佑,老成持重,担任过多年的宰相,并且穷尽三十多年的心力，撰写《通典》二百卷，杜牧在这方面确实难以跟他相比，但也一直留心家学，不敢或忘。杜牧在给一位朋友的信中说："二十多年来，名公钜卿们谈论的典章制度、征伐叛乱之事，我多有听闻，如果能够参考前人的观点，并核对当时的情况，也可以成为一家之言。可惜我随听随忘，没有撰写成文。"虽然没有做出成果，却一直留心着。

他在《上刑部崔尚书状》中也说自己是"好读书，多忘；为文，格卑"，虽然喜欢读书，读完大多就忘了，创作的诗文也不高昂，何况又"嗜酒多睡"，最后变成"庸人"了。其实，这既是杜牧的自谦，也是他的愤激之词，更是因为他的榜样太高了，结果总赶不上。

他后来撰成的《孙子兵法》注解，成为《孙子十家会注》中的一家之言，最能说明他的实际学术能力。

虽然出生在宰相之家，杜牧的父亲却早死，以至于他十多岁时，连住的地方都被卖掉还债了，他只能跟着多病的弟弟相依为命，两人吃野菜，晚上点不起蜡烛，就"默念所记者"，把以前家境好时学过的东西默念出来，由此可见，杜牧跟白居易一样，也是真的苦学。他的学习，并非钻故纸堆，而是要经世致用，在他很小的时候，就读到《礼记》中的一句话：

四郊多垒，此卿大夫之辱也。

　　大意是说，四方有很多营垒，是卿大夫的耻辱。元和十三年（818），唐宪宗派兵讨伐李师道，杜牧正十六岁，当时虽然战争打响了，但很多卿大夫并不关心，觉得带兵打仗不是他们所应知道的，杜牧就觉得《礼记》说得不对。

　　等他二十岁，开始读史书，发现史书上记载的建国亡国，"未始不由兵也"，都跟打仗有关，就开始重视军事。杜牧的看法，很有"枪杆子里面出政权"的智慧。他提倡卿大夫们也要了解军事，因为他们不了解，带兵的就会是"壮健击刺不学之徒"，这些武夫没有文化，必然会导致国家灭亡。

　　让国家灭亡的，并非只有军事这一点，国君不当，灭亡得更快。唐敬宗即位才十六岁，贪好声色，大修宫室，搞得百姓苦不堪言。杜牧在这种背景下，创作了名篇《阿房宫赋》，表面上是批评"取之尽锱铢，用之如泥沙"的秦国自取灭亡，实际上是在警示唐敬宗。

　　虽然唐敬宗并没有吸取教训，不到三年就被太监等人所杀，但《阿房宫赋》给杜牧带来了极大的声誉。大和二年

（828），二十六岁的杜牧考中进士，据说考前，朝廷中不少人推荐他，吴武陵还特意跑去拜访主考官，对主考官说："大人为天子选拔人才，我特来出些菲薄之力。不久前，我看到太学生们激情昂扬地读一篇文章，凑近一看，原来是杜牧的《阿房宫赋》，真是王佐之才，您太忙，可能没时间看，我特意给您带来了。"

主考官一看，大为欣赏，吴武陵就请他把杜牧安排为状元，主考官有些为难，因为状元已经安排好了。吴武陵是个砍价高手，一千的价，先砍到一半，看对方有难色，赶紧退一步："实在不行，也要第五名。"

主考官还在犹豫，吴武陵就一把夺过《阿房宫赋》说："您要是没办法，我就把这篇文章拿走。"主考官立刻答应了。

从这个故事中可以看出，当时考试的暗箱操作何其猖狂，但杜牧却靠这篇赋征服了大家。

考中进士之后，杜牧又在同年考中贤良方正直言极谏科，被任命为校书郎，真是意气风发。不过，没到半年时间，他就被爱才的江西观察使沈传师引荐为僚属，离开了朝廷。当时著名诗人卢纶的儿子卢弘止担任江西团练副使，对杜牧很照顾。

他们一起在宴会上听官妓唱歌，就这样认识了张好好。她唱歌很好听，大家都很喜欢，后来嫁给沈传师的弟弟为妾，等到杜牧跟她再次重逢时，她不知何故已经离开了沈家。

杜牧奉命出差去扬州见牛僧孺，路过镇江，从朋友那里听说了杜秋娘的故事。杜秋娘善唱"劝君惜取少年时"的歌，镇海节度使李锜很喜欢，就纳为妾，后来李锜造反，打败被杀，杜秋娘就被没入宫中，又得到唐宪宗的宠爱。

唐穆宗即位后，把杜秋娘派去做皇子李凑的傅姆，后来做皇帝的是李凑的哥哥唐文宗，他很忌惮李凑的声望。唐文宗原本要跟宋申锡计划除掉宦官，宋申锡就跟王播合计，王播却把消息泄露给宦官王守澄及其门客郑注，王守澄就诬告宋申锡阴谋拥立李凑为帝，尽管牛僧孺苦劝唐文宗，也没用，唐文宗为了一己之私，不顾剪除宦官的原计划，把李凑等远贬，杜秋娘也受到牵连，放还故乡，生活困顿。

杜秋娘的一生，折射了中晚唐不断衰败的历史，杜牧同情地为她写诗，实际上也是为这个大环境下的自己伤感。由此可见，杜牧跟歌姬的接触，一则为了宴会饮酒，二则出于自身的感慨，并无风月之事。

可惜，即便是很欣赏杜牧才华的牛僧孺，也并非真的理解他。沈传师离任后，杜牧跑到扬州，在牛僧孺幕下担任掌书记。杜牧白天处理完公务，晚上就喜欢在声色歌舞场所喝酒放松。牛僧孺居然派人便服跟踪，并把跟踪结果写成字条，装满一个箱子。这到底是担心杜牧出事，还是在监视他？

杜牧给牛僧孺写墓志铭的时候，提到他平时宴会，喜欢说"古人修身行事"，旁敲侧击，来教育大家，可见跟牛僧孺宴会时之无聊，难怪杜牧下班后要去听歌呢。如果牛僧孺跟沈传师一样张弛有度，杜牧也不会私自前往歌舞场吧。当然，并不是说牛僧孺这样不可以，但要求下属都这样，就有些强人所难了。

三十三岁这年，杜牧赴京担任监察御史。当时唐文宗正在酝酿第二次铲除宦官的计谋，他引用跟王守澄关系密切的郑注、李训为主谋，这样宦官就很难察觉了。郑注、李训跟唐文宗一样，他们想要铲除宦官，并不是为天下百姓，而是为了获得更多权力，这跟杜牧的想法不同，他之所以学军事、平藩镇、抗入侵，是为了"生人但眠食，寿域富农桑"，也就是让生民安居乐业，而不是自己获取大权。

杜牧觉得李训等人动机不纯，难堪大任，眼看"山雨欲来风满楼"，常常担忧，就托病让朝廷任命他分司东都，跑到洛阳去了。

就在这年的十一月二十一日，左金吾卫大将军韩约奏称金吾大厅后面的石榴树上夜降甘露，唐文宗派李训去看，李训看完后说不是甘露，唐文宗故意不信，让宦官仇士良等人去确认。仇士良跑去检查甘露时，发现韩约脸上直流汗，他很机警，瞥见附近埋伏很多带着兵器的士兵，立马跑回去，带着唐文宗回到宫中，派遣五百神策劲兵出来砍杀朝廷命官，不仅郑注、李训、韩约、王播等人被杀，连没有参加计划的宰相王涯、舒元舆等人也被腰斩。史称甘露之变。

同样逃过此劫的白居易曾写过一首诗喟叹："当君白首同归日，是我青山独往时。"既惋惜无辜者白首同被害，也暗自庆幸自己青山独往、死里逃生。实际上杜牧跟白居易一样有先见之明，白居易并非"独往"。

甘露之变发生后，宦官越发掌控权力，杜牧很绝望，他想起了陈子昂"独怆然而涕下"的心情，写下"独登还独下，谁会我悠悠"的诗句，跟陈子昂隔空对话。再加上弟弟的眼疾加重，杜牧靠饮酒听歌长气势的劲头没有了，但他没有像白居易那样消沉，还在空闲时间下下围棋操练兵法，不时接触一些从河北藩镇出来的英雄豪杰，了解河北的情况。情势不利，杜牧写了"包羞忍辱是男儿"的诗句，通过歌咏项羽"卷土重来未可知"，来表达自己静待局势发生变化的忍辱负重之情。

到唐武宗即位，内忧外患进一步加剧。回鹘乌介可汗骚扰北方边境，泽潞节度使刘从谏去世后，其子刘稹想要跟河北藩镇一样自立为节度使，公然反叛。在这样的情况下，以兵法自任的杜牧迎来了好机会，但因为他担任过牛僧孺的幕僚，当时执政的宰相则是牛僧孺的死对头李德裕，杜牧只能在朝廷之外担任黄州刺史等职。

他在咏早雁诗中说"须知胡骑纷纷在，岂逐春风一一回"，通过早雁的安危，表达对边境百姓的担忧。杜牧也写诗渴求报国，他说：

臣实有长策，彼可徐鞭笞。

如蒙一召议，食肉寝其皮。

诗中说自己有好办法，只要被采用，定能全胜。但似乎并没有结果。可他并不甘心，眼看泽潞趁机要挟朝廷，朝廷懦弱，只有李德裕力排众议，主张讨伐泽潞，以防其他藩镇效法。杜牧便以国事为重，抛开党派之争，给李德裕写信，在信中出谋划策，建议李德裕稳住泽潞其他州县，而以五千精兵、两千弩手直捣泽潞节度使大本营上党县（今山西长治市）。

李德裕采纳了这个建议，次年秋天，果然平定泽潞叛乱。

由此可见，杜牧的"忍辱"策略确实有效。他还给李德裕上书陈述讨伐乌介可汗的策略，虽没有被采纳，但回鹘衰落已不可避免，吐蕃又开始内乱，势力变弱。唐宣宗即位后，河西、陇右一带被吐蕃占据九十多年了，吐蕃赞普用幸臣为相，死后无子，手下大将论恐热为了夺权，就跟另一大将尚婢婢打了起来，吐蕃对河湟一带的控制力减弱，当地人民就起义归唐，唐宣宗派兵接应。

大中三年（849）八月，河湟诸州一千多人抵达长安，拜见唐宣宗，他们脱去胡服，换上汉服，欢呼跳舞。此时李德裕已被贬谪，杜牧重新回到长安任职，目睹了这一盛况，写下"十万曾无一镞遗"的诗句，固然高兴，但河湟百姓是自己来归属，泽潞一地本来就服从朝廷，如今不过是解决了新问题、维持旧状态而已，老大难的旧问题纹丝不动，毫无进展。

所幸唐宣宗有"小太宗"之称，他约束宦官，减轻赋税，结束牛李党争，社会获得一定程度的恢复，被后人称作"大中之治"。可惜的是，杜牧没有几年，就在中书舍人的官职上因病去世了，他死前为自己写了墓志铭，终年五十岁。

跟杜牧的忍辱坚守不同，元稹后来跟宦官同流合污，白居易则干脆"中隐"去了，所以杜牧对元、白多有微辞。一个典型的例子就是杜牧跟张祜关系很好，而张祜跟元稹、白居易都有矛盾。在唐穆宗时，张祜受到令狐楚的推荐，唐穆宗问元稹："张祜做人如何?"元稹说他是雕虫小技，导致张祜没被任用。而白居易在担任杭州刺史时，张祜希望他能贡举自己去参加进士考试，徐凝也来了，白居易就出题考他们，最后选了徐凝。杜牧为了安慰他，称他"千首诗轻万户侯"。他们在一起游山玩水，非常契合，杜牧为此还写下了"尘世难逢开口笑，菊花须插满头归"的名句。

杜牧对元、白的不满，固然跟张祜的经历有一定关系，但主要还是他们人格上的差异，我们举一些事例来看。商山有个阳城驿，阳城是唐德宗时有名的忠直大臣，当有人污蔑陆贽时，没有人敢救，阳城则上书抗争到底，最后被贬为道州刺史。元稹觉得阳城是贤人，应该避讳，要把阳城驿改名，杜牧则认为不应该改，要让去长安做官的人经过这个驿站，都能向阳城学习。从这件事上，就能看出元稹的邀名忘本之心，而杜牧则大不相同。

因为对其人格不满，自然也对其诗歌有很多意见，杜牧曾给朋友写墓志，借朋友之口批评元、白诗风说：

> 尝痛自元和已来，有元、白诗者，纤艳不逞，非
> 庄士雅人，多为其所破坏。

毫不避讳地指出元、白之诗中的细巧艳丽误人不浅。这也许跟他们的新乐府诗关系不大，主要是指《长恨歌》之类的作品，从艺术角度来说，带有比较大的偏见，但从诗歌给人以教化的角度而言，确实有一些误导人心的嫌疑。

杜牧敢于如此批评元、白这类诗歌，就说明他自己的作品不会蹈袭此弊，可是这跟"赢得青楼薄幸名"等诗似乎又不符合。

我们来看看杜牧所崇拜的人，就能找到一些线索。杜牧最崇拜的唐代文学家，是李白、杜甫、韩愈和柳宗元，他在给小侄阿宜的诗中教他说：

> 经书括根本，史书阅兴亡。
> 高摘屈宋艳，浓薰班马香。

李杜泛浩浩，韩柳摩苍苍。

近者四君子，与古争强梁。

诗中除了强调经史之学，还对屈原、宋玉、司马迁、班固等大加赞颂，而对唐朝作家，则推崇李白、杜甫、韩愈和柳宗元。如果再加上一个，则是李贺，他给李贺的诗集写过序。他们的共同特点都是"吾道一以贯之"的君子，没有像元、白那样人生之路上改弦易辙的。而杜牧所写的歌姬或女性，无不是以女性之柔弱来对比男性之刚强，如写润州是：

谢朓诗中佳丽地，夫差传里水犀军。

城高铁瓮横强弩，柳暗朱楼多梦云。

把夫差、孙权的军事力量跟谢朓诗中的佳丽合在一起，形成强烈的铁血柔情效果，相辅相成。另外，像"商女不知亡国恨，隔江犹唱后庭花"，歌姬不懂兴亡，那大丈夫得知道吧？又比如"东风不与周郎便，铜雀春深锁二乔"，二乔柔弱，周郎总该强大吧，怎么能靠运气打仗呢？这里面都含有对比之意，实则是提倡伟岸的大丈夫气概。

虽然从今天来看，杜牧的做法有大男子主义的嫌疑，但在当时，却是增强勇力体魄、文韬武略的重要方法。因此，学成文武艺的杜牧，看似货与歌姬家，实则一直心系家国。

李商隐：逆天改命的悲剧

跟杜牧年少吃苦不一样，李商隐似乎一直在吃苦，就没断过。

命运的诅咒，在他来到人间之前已经为他准备好了。他的爸爸、他爸爸的爸爸、他爸爸的爸爸的爸爸，都因病早逝，靠他的曾祖母抚养子孙。

李商隐是家里的第四个孩子，他前面三个都是姐姐，大姐很早就去世了，二姐嫁给了河东裴允元，裴家是高门大族，裴允元的爷爷曾做过宰相，但是嫁入豪门的二姐并不开心。她自己心灵手巧，又能够"潜心经史"，知书达理，原本以为豪门大族子弟能够配得上她，嫁过去后才知道大错特错。二姐出嫁不久就回到娘家，郁郁寡欢，生病去世。究竟发生了什么事，只能通过李商隐的祭文勾勒个大概。

李商隐给二姐写的祭文中有"天壤兴悲"四个字，用的是谢道韫的典故。我们都知道谢道韫咏柳絮的故事，"未若柳絮因风起"不仅使谢安大为赞赏，也得到后人的追慕。

可惜，这句诗却成为她婚姻不幸的预言。柳絮靠风吹起，就像妻子因丈夫而荣耀，这在今天是不适用的，古代却是主流价值观。我们更熟悉的是薛宝钗，她在谢道韫的基础上，写得更明白："好风凭借力，送我上青云。"为什么她老是催促贾宝玉读书，原因就在这里。

谢道韫如此有才华，谢安就想给她找个好归宿，最后选中了王羲之的儿子王凝之。

没想到的是，谢道韫出嫁后，有一次回娘家唉声叹气，大家就很不解，问她怎么了。谢道韫只好据实以告："不幸福。"

大家更吃惊了："王凝之是书圣的儿子，你嫁给他，怎么会不幸福呢？"

谢道韫没法直接回答，只好对家人们说："我从小接触的谢家男子，无论是叔父长辈，还是兄弟同宗，个个都出类拔萃。原本以为所有男人都是这样的呢，谁能想到天壤之间，居然还有王凝之这样的男人！"

谢道韫没有直接批评王凝之，但意思已经很清楚了，就是觉得他配不上自己。王凝之这个人，信仰五斗米教，平时喜欢神神道道的，不太关心时事，而谢道韫如果想要"因风起"，必须要王凝之积极有为地做官才行。他们的婚姻不幸福，未必是王凝之这个人坏，只能说是夫妻不同心。

看来李商隐的二姐跟谢道韫差不多，婚后对裴允元不太满意。但不同的是，谢道韫的家族跟王家不相上下，王谢都是大族，不满意就不满意了，王凝之也没办法，后来王凝之去世了，谢道韫也终身未改嫁。可是李商隐的二姐不一样，虽然李商隐自称跟李唐王朝同宗，实际上疏远得很，家境又贫寒，她流露出不满，裴家可不能忍。李商隐祭文中说得比较含糊，说她回娘家省亲，不幸染病，一年就病故了。实际上很有可能是被遣回娘家的，因此郁郁寡欢，最终导致早亡。

这样一出嫁入豪门的悲剧，是李商隐未来人生的预演，可惜的是，二姐过世时，李商隐还很小，只会扶着床练习走路，根本留不下什么印象，最多也就是"空惊啼于不见"，突然发现姐姐不见了哭泣而已。我有个同事的女儿才两岁，他妹妹得了白血病去世，小孩子就因为看不见姑姑而哭，根本不懂什么叫离开人世。可以料想，等习惯了这种空缺之后，印象就更淡薄了。李商隐也是这样，对二姐的祭奠，全都靠母亲的回忆，使他没能对权贵说不，而一步步迈入悲剧之中。

倒是李商隐的父亲，给孩子取名的时候做了充分的考虑。晚唐政局每况愈下，大家都看在眼里，谁也不是傻子。一直到第四个孩子才是儿子，李商隐的父亲也不能不倍加珍惜，因此给他取名"商隐"，字"义山"，希望他能像商山四皓那样，先长寿，再看准时机，辅佐太子，完成高义如山的安邦定国之业。

父亲去世后，李商隐跟随堂叔学习，这位堂叔很有学问，自己研究五经，但写出来的书不外传，只用来教育子孙，平时喜欢写点古文古诗，一生从没有写过一首"今体诗"（也就是格律诗）。他的书法很好，有一次为了给逝去的亲人祈求冥福，就写了一通佛经刻石，结果很多人跑来摹写，他怕名声传出去，就把刻石藏到了寺庙深处。

即便如此，他的名声还是传了出来，王智兴靠手中兵力驱逐朝廷任命的长官，成功当上武宁节度使后，为了收买人心，专门请他担任高级幕僚，他就说："从公非难，但事人非易。"意思是说："跟你做官不难，难的是侍奉长官。"这明显是在讥讽王智兴作为下属，却倒逼长官离开，因此并没有接受王智兴的邀请。

我们可以想见，这位堂叔对李商隐是很有影响的，因为李商隐确实尝试过隐居学仙。他跑去著名的道教圣地玉阳山，"十年长梦采华芝"，花了不少时间。东西玉阳山中间有一条溪流，叫玉溪，李商隐后来自号玉溪生，就是因为这段经历。李商隐还说自己十六岁就能写出《才论》《圣论》，"以古文出诸公间"，因为古文创作出色而被大家认可。

　　这些都能看出堂叔对李商隐的教育，无论是文学创作还是人格锻炼上，都是很成功的。然而，李商隐并没有沿着长辈指出的道路前进，他因为从小家境贫寒，需要靠帮官府抄写文书度日，对贫贱生活感到很憋屈。有一次，在权贵宴席上吃到竹笋，就写下"皇都陆海应无数，忍剪凌云一寸心"的诗句，认为竹笋本来想要长成凌云之竹，却被大家挖来吃了，太过残忍。这是借竹笋来表达自己渴求被人呵护、以便实现理想的急切心情。

　　问题在于，一个人的理想，如果是靠权贵的施舍来实现，那这个理想本身就很可笑。李商隐写出这样的诗句，其实也就暗示着我们，只要有人赏识他，他是会迎合的，后人说他"虚负凌云万丈才，一生襟抱未曾开"，固然对他的遭遇表示极大的同情，但他自己的问题，也是很多的。

果然，十八九岁的时候，李商隐就跑去干谒东都留守令狐楚。令狐楚是牛李党争中的牛党成员，擅长写骈文章奏，并因此被皇帝赏识，做到了宰相之位。令狐楚靠文章发家的事迹，对李商隐是很大的诱惑。

　　但是我们要记住，李商隐初学的是古文，而不是骈文，如果李商隐要走令狐楚的老路，就得改弦易辙。令狐楚很欣赏李商隐，让他跟自己的孩子一起学习，甚至还参加一些文会。当时白居易也在东都洛阳，令狐楚就把白居易引荐给李商隐，白居易作为诗坛的"广大教化主"，对李商隐也很欣赏，甚至死后要做他儿子，李商隐后来生孩子，真的把他命名为"白老"。古人的趣味，有时候超乎我们的想象。

　　令狐楚不仅教李商隐写骈文，当他调任天平军节度使的时候，还把李商隐招为幕僚。当时招聘幕僚，一般需要有出身，李商隐并没有考中进士，这是不符合规定的。但令狐楚还是破格让他担任巡官，这个官职在幕僚中虽然很低，也可以看出令狐楚对他的器重，到了不惜违规操作的地步。

　　这个时候，李商隐是不应该接受的，但他接受了，说明他比较躁进。令狐楚一看李商隐是可造之材，就多次资助他去长安考试，但都没有考上。

令狐楚也把一些不好的东西潜移默化地传给了李商隐。有一次宴会，令狐楚的妓妾出来佐兴，李商隐写了一首淫诗，虽然说自己是晚辈，"不敢公然子细看"，却还是写出"更深欲诉蛾眉敛，衣薄临醒玉艳寒"的艳丽之句，这哪里是没看？这再一次告诉我们，古人的趣味，有时候真的挺独特。

学得一手好骈文，令狐楚被调到中央后，李商隐又靠这本事陆续担任不少地方官的幕僚，其中之一就是兖海观察使崔戎。他到任后，铲除奸吏，百姓大喜，就在他准备大干一场时，却不幸得了霍乱，病势汹汹，当年六月十日感染，十一日就死了，李商隐目睹了这场惨剧，他在代崔戎所写的遗表中对此进行了详细的描述，从感染到发病，治疗没有任何效果，最后病情加重，简直是一蹶而就，只能徒唤"人之到此，命也如何"！只好归结为命该如此。去年新冠肺炎疫情初起的时候，我们也都有此感受，真是命如灯火，一吹即灭。

这种亲眼所见的死亡，对李商隐冲击更大，那种求生的抗争和死亡的不甘，在李商隐的悼诗中不断出现。

很快，命运的双手掐得李商隐更加难以呼吸。我们知道，牛李党争是因长庆元年（821）的科场考试不公所引发的官僚集团内部斗争，这场斗争给别有用心之人带来了机会。而当时的皇帝唐文宗虽然"勤于听政",却"浮于决断",做事情的时候优柔寡断,反复无常,这就给投机分子郑注提供了舞台。

郑注先把李党官员贬出朝廷,再把牛党官员贬出朝廷,如此一来,朝廷大臣就只剩下难堪大任的郑注之流了。他们却决定拿大唐王朝的命运来搞政治投机,想要诛杀宦官,最后被宦官全部反杀,造成"流血千门,僵尸万计"的惨剧。

当时的高官名人,都不太敢发声,李商隐却铤而走险,写出一系列诗歌,像"古有清君侧,今非乏老成。素心虽未易,此举太无名"等句,加以揭露。虽然说李商隐勇气可嘉,但在这种氛围下还想逆天改命,写这类诗,只能说明李商隐本人不够"老成"了。

经过甘露之变,大唐进一步衰败下去,社会风气越发难以收拾。李商隐对此提出了很多的批评,尤其对友谊和爱情的缺失深感遗憾,他说"近世交道几丧欲尽",大家交朋友都看时势,有权势就肝脑涂地,失败了就不断唾弃,而嫁娶之时,也不再关注子女是否幸福,只是"论财货、恣求取",看能不能赚到钱。

李商隐对这种亲情沦丧、变成交易的社会很失望,认为它只会"真令人不爱此世而欲狂走远飏耳",真令人想要跑远躲起来。遗憾的是，这些世态炎凉，他的父亲和堂叔早已了然，李商隐并没有听从他们的教诲；等到李商隐自己终于明白过来，也并没有去隐居，而只是把这些话写成书信，送给令狐楚的儿子令狐绹，表面看是在感叹人心不古，实际上是希望他能提供帮助。

令狐绹果然帮他了。开成二年（837），李商隐再次参加进士考试，以前他鄙夷"行卷"，现在他也向现实低头了，给担任过中书舍人的崔龟写信求推荐。

当然，令狐绹的出力更为关键。当时的主考官是高锴，他是令狐楚的旧交，自然知道令狐楚重视李商隐，有一次在上朝的时候见到令狐绹，就行礼作揖，问他："八郎的朋友中，谁最好？"

这话说得很有技巧，等于是告诉他，只有一个名额，令狐绹不假思索地再三说道："李商隐。"

经过这样的赤裸裸的交情干预，李商隐才考中进士。虽然杜牧也是经人推荐的，但推荐的理由好歹是因为他写了《阿房宫赋》，李商隐则纯粹是因为攀附令狐父子而获得了机会。由此可见，当时的科举制度已经恶化到什么程度了。

但不管怎么说，既然已经投靠了令狐父子，后面就不应该转投向令狐父子政敌之怀。没想到李商隐因为爱情，自己做了违背交道的事情，违背了跟令狐绹的友谊，活成了他自己最厌恶的样子。

我们先来看看他的爱情。李商隐有过几段并不幸福的爱情经历。考中进士之前，李商隐已经结婚，但他的第一个妻子早逝，在给他的朋友任秀才的诗中，李商隐表现出对任秀才婚外恋情的戏谑，可能跟他妻子早逝、他渴望再婚有关。

据学者考证，李商隐后来又经历了两次爱情，但都没有结果。第一次出现在他的《燕台诗四首》中，大约是在湘川一带认识的歌舞伎人，两人分开后，李商隐写了这组诗，表现对她的四季相思，他们的异地恋虽然没有了下文，但这组诗却打动了一位行商的女儿，名字叫柳枝，李商隐便开始了第二段恋情。

柳枝的父亲喜欢做生意，后来死在路上，柳枝的母亲对她特别疼爱。柳枝擅长音乐，十七岁了，从来没有化过完整的妆，都是还没化完就跑了。

李商隐的堂兄住在她家附近。有一回，堂兄在柳枝家附近的柳树下停马，吟诵李商隐创作的《燕台诗》，可能是想勾引柳枝，柳枝一听，觉得眼前这个人不像能写出这么好的诗，就问他："诗中写的是谁的事儿？写这首诗的又是谁？"

堂兄无法隐瞒，只好回答说："是我家一位比较年轻的堂弟写的。"

柳枝为诗中异地相思所感动，就把长带解给堂兄，让他拿给李商隐题诗。第二天，李商隐骑马赶来相见，柳枝特意为他化完妆，因为女为悦己者容嘛，对他说："你就是那位堂弟？三天后，我们在水边相会。"李商隐就答应了。

可是李商隐的朋友跟他开玩笑，带着他的衣服先去长安了，李商隐没办法，只好一起去长安，两人就没见成。堂兄在一个雪天也到长安来了，李商隐赶紧打听柳枝的情况，得知其已经被东边的一位节度使娶走了。

从这次错过的爱情来看，李商隐是有错的一方，因为他还没考中进士，也没法给出有效的承诺，所以只好以玩笑的口吻，把它当作风流韵事来描述。

考中进士后，李商隐感到翅膀硬了一些，令狐楚想要招他继续担任幕僚，李商隐却不干了，以回家看望母亲为由，加以婉拒。

这年冬天，令狐楚生病了，急召李商隐，李商隐没办法，只好前往。刚到，令狐楚就对他说："我病入膏肓，恐怕命不久矣。想写一封遗表给陛下，但力不从心。你来帮我看看。"李商隐就精心为令狐楚撰写了《代彭阳公遗表》，其中呼吁对甘露之变以来被错杀的大臣加以平反。

料理完令狐楚的后事，李商隐又赶到长安，参加博学宏词科考试，但是没有考中，无法入仕，就在次年春天去泾原节度使王茂元那里担任从事官，负责起草文书。王茂元跟李党重要人物李德裕关系比较密切，李商隐原来是追随牛党中人令狐楚的，他的这个选择，为他后来的悲剧命运埋下了伏笔。

很多学者为了洗白李商隐，而偏向牛李党争中的某一方，并没有必要。我们可以很清楚地看到，党争没有对错可言。如果从国家贡献来看，不党争是最好的，但他们既然发生党争了，我们就没必要偏袒谁。

有人说李商隐同情李党是想有所作为，难道他受令狐楚栽培的时候不想有所作为？这个理由太牵强。而且，如果真的为国家考虑，而不是出于自身的原因，那完全可以直接为皇帝效力呀。李商隐不是不懂这些，只不过他有性格缺陷，从他处理柳枝的事情中就可以看出来。

李商隐在王茂元幕府中做的事情，也可以印证我们的看法。跟他一起考中进士的韩瞻，娶了王茂元的第六个女儿，李商隐就开始追求王茂元的小女儿了。他在给韩瞻的诗中问他"洞里迷人有几家"，用的是刘晨、阮肇在仙洞里遇到两位仙女的典故，如今韩瞻娶了其中一位，看来李商隐对另外一位已经垂涎欲滴了。

功夫不负有心人，王茂元真的把小女儿嫁给李商隐了，李商隐也就更加卖力地为王茂元做事。比如，唐文宗去世后，唐武宗即位，李德裕拜相在望，李商隐代王茂元连写几封信给李德裕，称赞李德裕执政是"大朝无党比之忧"，那唐文宗感叹"去河北贼易，去朝中朋党难"难道是空话？这都是在拍马屁，李德裕入相后，王茂元也从地方调到中央，事实说明一切。

从家族到国家，现实对李商隐都是很不利的，可他又偏偏不甘寂寞，想要逆天改命，为此不但违背父亲、堂叔的教诲，去学习媚俗的骈文，甚至学成骈文、考中进士之后，又背弃令狐楚、令狐绹父子，站在李党一派。

李商隐在担任弘农尉的时候，曾为那些因饥寒而为盗的贫民减过刑，不惜触犯上司，所幸上司很快调走了，继任者是另一位诗人姚合，就没有追究李商隐的失职。诸如此类的事情，很多都反映出李商隐的可贵品质，但他的性格缺陷也实在是难以遮掩。他在《上崔华州书》中，说自己跟周公、孔子一样都是行道的：

> 有行道不系今古，直挥笔为文，不爱攘取经史，讳忌时事。

文中说他也行道，写文章一挥而就，不从经史之中搜寻典故。然而，李商隐的诗，尤其是《无题》诗，典故堆砌，词藻华美，跟他自己的主张完全相反，后人甚至把他这种作风加以发挥，变成专门掉书袋的"西昆体"诗歌。

这都说明他对自我的认知也存在偏差，使我们不能不感到遗憾。

李商隐的悲剧，有时代性，也跟他自己的性格缺陷有关。不过，也正是因为内外的夹击，使李商隐对社会症候的感知更加敏锐。他后来虽然短暂地做过校书郎，但基本上是为了生计奔波在各个幕府之间，从而对社会矛盾的认识也更加深刻。

这种种因素综合起来，不仅使其感到个人命运的无奈，也对大唐的未来丧失了信心，从而写出"夕阳无限好，只是近黄昏"的喟叹，预示着一个王朝终将步入万劫不复的境地。

温庭筠：换个赛道跑

晚唐时期的科举制度越来越败坏，从杜牧、李商隐等人的经历中就可以看出来。权贵一言，就能决定读书人的一生，毫无公平性可言，也就意味着科举制度失去了为国家输送人才的有效性。唐太宗善于网罗人才，才有贞观之治，他曾说：

天下英雄，入吾彀中矣。

只有把天下的人才都招揽过来，李唐天下才是安全的，这是唐太宗治理天下的诀窍。现在科举制度形同虚设，人才没有登天之梯，大唐王朝也就危如累卵。

而温庭筠的一生，恰恰是科举制度失去活力的生动注脚。

温庭筠原名大概叫温岐，文思敏捷，据说科举考试的时候所考的律赋有八韵，他一叉手就吟成一韵，因此叉八次手就写完了，人送外号温八叉。

这样一等一的才子，大家都很羡慕嫉妒恨，他自己也有些忘乎所以。有一次在江淮间客居，准备乡试，盐铁官姚勖是他的舅舅，就给了他一笔钱让他安心学习。温庭筠拿了钱，因为才华太高，不用担心考试，就跑去携妓游乐，姚勖知道后把他狠狠揍了一顿。初衷大概是想让他浪子回头，没想到这事儿被别有用心的人传到淮南节度使牛僧孺的耳朵里，就没让他通过这次考试。

赵颛的妻子是温庭筠的姐姐，认为温庭筠考不上，都是舅舅姚勖的错。有一天听说厅堂来了客人，姐姐就问来的客人是谁，下人回禀说是姚勖。姐姐一听，赶紧跑到厅堂来，拉着姚勖的衣袖就哭个不停。姚勖吓了一跳，谁知她把袖子抓得特别牢，抽不开身，不知道怎么办才好。过了很久，她才控诉道："我弟弟年纪还小，跟别人一起宴游，不是人之常情吗？你为什么要狠狠地揍他？他到现在也没考上功名，不是你的错吗？"说完又继续哭。

姚勖好不容易跑了出来，又愤恨又惊讶地赶回家，因此得了病，去世了。

从大唐诗人的交游来看，携妓在当时真不算什么事，温庭筠的姐姐说的没错。起码，牛僧孺幕僚中的杜牧，不就喜欢下班后去看歌妓吗？牛僧孺虽然派人监视他，终究没有大动肝火，为什么面对温庭筠携妓之事就双标了呢？

一方面，可能跟党争有关，温庭筠跟李德裕更亲近，但温庭筠当时还年少，这种倾向应该是被牛僧孺穿小鞋后过激反应的结果，而不能看作原因。

因此，杜牧跟温庭筠携妓中的不同，应该是主要原因。

他们之间最大的不同，在于杜牧是把携妓作为工作之余放松的娱乐方式，而温庭筠跟歌妓之间的关系则有点激进。我们来看温庭筠晚年入幕府的时候是怎么跟歌妓交流的。有一次，他们在光风亭夜宴，两个妓女喝醉了，不知道为什么干起架来。温庭筠和僚友们在干什么呢？他们不仅没有去劝架，反而在一边观摩写诗。温庭筠的诗把她们打架的全过程写了出来，先是两人结仇了，扭打在一起，有人来劝架，但她们还是像母野鸡一样大喊大叫，最后被拉开了，还互相扔鞋子。

这种行为真的是很低俗。老了尚且如此，年轻时候携妓惹事，恐怕也在所难免。

更过分的是，温庭筠还跟一位名叫柔卿的营妓谈起恋爱来了。我们说过分，倒不是指不能跟歌妓恋爱，而是因为温庭筠当时已经年届花甲，真是"一树梨花压海棠"了，因此同僚中有人写诗嘲笑他，温庭筠就写了答诗，在诗中大大方方地承认自己是头插彩羽、身穿新装的老翁新郎，但年龄不是问题，因为他弱水三千只取一瓢饮，只会爱柔卿一人。诗的结尾，温庭筠用抱柱而死的尾生来自比，说自己就算为柔卿去死也不痴傻，因为柔卿如此美丽动人，石榴裙下死，做鬼也风流嘛。温庭筠的激进思想，越老越突出。

人家初盛唐的诗人写歌妓，多是看看就算了，中晚唐诗人不仅要看，看完还要染指，在这种风气之下，温庭筠稍不留心，就会闯祸，难怪被舅舅教训一顿呢。

读书人讲究的是尊严，如今却被打，关键是确实身上还有缺点，温庭筠被牛僧孺黜落，是很正常的事情。他后来改名，大约也有痛改前非之意，想要以新的身份重新示人，并对自己的缺点进行了反思，他说"微瑕惧掩瑜"，害怕自己被别人积毁销骨，但也承认自己有"微瑕"，也就是小毛病。

另外，运气成分也很重要。温庭筠在长安时，曾被人荐举去侍奉太子李永。这本来是个很好的晋升资本，可惜唐文宗后来宠幸杨妃，杨妃就在文宗耳边说李永的坏话。李永本来就是个小孩子，天性爱玩，宦官又不断诱导教唆，导致文宗对他很失望。

宦官诱导李永，也是为了以后做打算，宦官头子仇士良给下属传授讨国君欢心的办法，就是让国君不要闲着，到处去玩，这样就不会对朝政上心，宦官就可以专权了，尤其不能让国君看书，一看书，知道了历史上的朝代兴替，国君就害怕了，就会贬斥宦官。因此，宦官在培养李永的时候，就充分激发了他的玩性，导致最后暴死。

温庭筠大概是李永的文学侍从类的小跟班，因为他善于写艳词小曲，可能跟李永的关系还不错。以前在扬州没法参加乡试，这次他在京兆府考试合格，在荐送礼部参加明春进士考试的名单中高居第二名。据史书记载，京兆府考试前十名称作等第，因为十有七八会在明年的进士考试中高中。

按道理来说，温庭筠这次终于要十拿九稳了吧，结果他却没有参加次年的进士考试，原因据他自己说是生病了，但实际上还是跟太子之死有关。

在太子死后，唐文宗惩罚了一批宦官和官员。有一天，他看见宫廷里的树上有个孩子，树下的人很着急，一问之下，才知道他们是父子关系。唐文宗睹物思人，想起自己的孩子李永，感叹道："朕贵为一国之主，却无法保全自己的孩子！"唐文宗便再次迁怒于太子属官，再加严惩。温庭筠本来跟李永关系就不错，他死后，还写了《庄恪太子挽词二首》《太子西池二首》等作品加以哀悼。可是，他自己因为曾被长辈揍过，又擅长写艳词，很容易被人诬蔑为诱导太子走入误区，这样一来，别说去考进士了，还是先保住小命要紧，因此，温庭筠便离开了长安，眼看就要到手的鸭子就这样飞了。

直到四五年后，唐文宗、唐武宗相继去世，唐宣宗继位，温庭筠才重新参加礼部考试，至少考了四次，还是没有考上。

这让温庭筠感到愤怒，他目睹了考场的不公平，就干脆破罐子破摔，替人捉刀，反正也没人在乎考场的秩序。好不容易等来了沈询，考试比较严格，听说温庭筠每次都帮别人写作文，就把他叫到自己的跟前，单独给他一个铺席让他考试。这有点像我们读书的时候，老师把调皮捣蛋的孩子安排到讲台边上坐，都是为了放在眼皮子底下，好监督。

温庭筠考完交卷，沈询跟他说："以前你老是帮别人考，今年我管得严，你没帮别人吧？"

温庭筠说："没怎么帮，只是帮了八个人。"沈询就把他赶走了。

为什么温庭筠就是考不上进士呢？因为他把能得罪的人都得罪了。我们从小到大来看看他都得罪了哪些人。

前面说到的沈询，是他的主考官，得罪了。

宰相他也得罪。令狐绹在唐宣宗时担任宰相，有一次令狐绹问温庭筠一个典故，温庭筠跟他说："出自《南华经》。这本书也不是什么冷门的书，宰相大人日理万机之余，还是要读点古书啊。"说得令狐绹怀恨在心。

唐宣宗喜欢听《菩萨蛮》，令狐绹就让温庭筠把新创作的《菩萨蛮》给他，他献给唐宣宗，并对温庭筠说："千万别泄露出去。"温庭筠点头说："我怎么可能泄露呢。"跟令狐绹告别之后，温庭筠就把自己写《菩萨蛮》的事情告诉别人了。

令狐绹为了打压温庭筠，故意让他考不中，温庭筠也不示弱，写诗讽刺令狐绹，说令狐绹不学无术，是"中书堂里坐将军"。令狐绹的复姓比较少见，因此大力推举复姓令狐的人，有的人本来姓胡，却为了考中进士，不惜冒充令狐，温庭筠就写诗讽刺说：

自从元老登庸后，天下诸胡悉带令。

温庭筠甚至连唐宣宗都得罪了。据说唐宣宗喜欢微服私访，有一次跟温庭筠在路上相逢。温庭筠不认识唐宣宗，就骄傲地问他："你是什么官员？"

唐宣宗不回答，大约是想以此来考察温庭筠的眼光。温庭筠就猜测说："莫不是州郡司马之类的官员？"

唐宣宗说不是，温庭筠居然一点眼光也没有，没有把他往大处说，反而猜他是不是县尉之类的小官，说得唐宣宗好不生气！

总而言之，温庭筠把主考官、宰相和皇帝都得罪了个遍，要是能够考上，那才叫奇怪呢！

不过，温庭筠还是有撒手铜的，他并不气馁，一直活到连唐宣宗都死了，他自己终于在咸通七年（866）成为国子监助教。这可能是温庭筠的好朋友徐商担任宰相之后，为了给温庭筠正名，而特意选拔的。当时温庭筠已经六十五岁了。

这年秋天，温庭筠主持国子监的秋试，考试结束后，他把合格的乡贡进士名单和他们的作品都公布于众，以期扭转科举考试的腐败风气。而在公示的文章中，温庭筠选的是"堪裨教化，声词激切"的作品，也就是充分批判现实的文章。在这批名单中，就不乏邵谒这样的寒苦之士。

可惜，公布的文章中，有攻击宰相杨收的内容，杨收就把温庭筠贬为方城尉。温庭筠就这样被含冤贬死，大家都写诗为温庭筠打抱不平，其中纪唐夫写诗纪念他说："凤凰诏下虽沾命，鹦鹉才高却累身。"得到时人的普遍认可，可见温庭筠并没有错。

现在我们知道了，温庭筠之所以考不中进士，不是他的问题，也恰恰是他的问题。说不是他的问题，是因为他的才华没问题；说是他的问题，是因为大家都在弄虚作假，偏他才高八斗，怎么不让人妒忌谗毁？而他帮别人写作文，自己却考不上，就是以他特有的激进方式来表达对时代、对科举的巨大讽刺。

难能可贵的是，等温庭筠成为主持考试的老师时，他却赤胆忠心，公正无私，没有同流合污，哪怕就此得罪权贵，也无怨无悔，这种精神，无愧于唐诗最后的传奇，但大唐居然连这样的奇才都无法挽留，还能有什么未来？

温庭筠对考试绝望后，把更多精力放在另一个赛道上了，那就是创作歌词。而歌词创作又必然会跟歌妓有密切联系，话题似乎又回到了他因携妓而被打的事情上。

其实，只要换个标准，同样的事情便会有不同的评价、当我们从唐诗身上收回目光，用宋词的眼光去打量温庭筠的词作，便能明白他的事业，具有不可替代的重要价值。

温庭筠虽然无力阻止大唐王朝的落幕，他却用手中的笔开创了足可与唐诗相媲美的文学王国，诚如他在《菩萨蛮》中写的"照花前后镜，花面交相映"，唐诗宋词是伟大心灵的精神镜像，也是我们投射在历史长河上的波光倒影。